結ぶ／塗る・突き固める

垣根・土塀作法

ガーデン・テクニカル・シリーズ ❹　龍居庭園研究所＝編

建築資料研究社

はじめに

垣根の「垣」という字の意味を『広辞苑』（岩波書店刊）は「屋敷や庭園などの外側のかこい。かきね」と説明している。

垣という文字には「囲う」という機能が多分に隠され、この字が付くものには竹垣・生垣・粗朶垣・石垣・猪垣などがある。いずれも自然界と人間界とを隔てるディフェンスのような意味合いを持つものばかりだ。

こうして考えると垣には、人が日々の暮らしをおくり、モノを生産し、集う場を自然界の脅威から防御する楯のような意味が隠されていそうだ。さらにもう一歩深く詮索すれば、自然界への畏敬の念に対し、人が侵してはならない一線を引いた行為かも知れない。

今でこそ自然界を司るのは大宇宙のリズムだというが、太古の昔の人間はこの普遍的な大宇宙のリズムを「神」と称したのだろう。たぶん、この表れの代表が神社に見る「玉垣」だろう。

このように「垣」の一字に秘めた意味を解いていけば、垣根の素材は竹に限らず、その土地で身近に手にはいる素材を駆使してつくっていたことだ。

竹を始め、薪となる枝葉をそのままに使った粗朶垣にしろ、共通しているのは縄で「結んで」いたことだ。この「結んで」に垣根の進化が隠されている。

「結んだ」ものは「解《ほど》け」、また「結べる」。

日本文化の一断面を「結び」と「解き」という一言でいい得たのは『左官礼讃』(石風社刊)の著者で、泥の詩人と謳われている小林澄夫氏である。氏は泥壁の「緩やかな自然の時間の中でほどかれ、(中略)ほどくことができるものはまた結ぶことが出来る」と著書の中で記している。

人間界と自然界を結び、あるいは隔ててきた垣根も同じではないか。

自然界の草木を人の手で刈り取り、文字通り結びつけてできた垣根は、風雨や陽の光に晒され、湿潤な気候の日本では三、四年で朽ち果て、また人の手で結びを解かれ、山野の土に還っていく。

素材は身近な土地に無尽蔵にある草木。朽ち果てようとも素材の供給は気軽にできた。「結んで」は「解き」、また「結んで」は「解き」という行為を繰り返しながら垣根は、その土地の気候と風土に育まれながら進化を遂げ、その繰り返しの中で技は過去から現代へと引き継がれてきた。

ところが、近年の化石燃料を原料とした垣根もどきは、工場で均一な形で大量生産され、電動工具一つで組み立てられる。ネジはあってもそこには結び目もない。結べないものは解けず、待ち構えているのは「破壊」という行為とゴミとなった醜悪な姿だけだ。耐久力に富み、経済的だといわれているがその反面、「結び」を基本とする「技」の継承は途絶えてしまう。

さて「囲い」の一つに土塀もある。その土地の土や泥を素材にしながら塗り重ね、あるいは突き固めながら構築してきたこの土塀。垣根と違って素材は草木ではない。だが、自然界からの恩恵の産物であることには間違いない。ゆったりとした自然の時の流れの中で、風雨や陽の光に晒され、元の土や泥に還っていく。その過程には我々人間と同じ生命のリズムさえ感じ、そこに美しさを感じるのだろう。

　垣根や土塀も単なる屋敷や庭園の囲いという意味だけでなく、草木や土と泥といった自然界からの無償の贈物である素材を人間の知恵で創り出した持続可《サステイナブ》能《ル》な文明であることに気付く。その反面、化石燃料を原料に工場で大量生産された垣根もどきと均一な形態のコンクリート製の万年塀やブロック塀は、無機質で生命感が乏しく、まさしく殺風景な景観しか生まれない。しかも破壊の後は産業廃棄物となる運命で、持続不可能な文明の産物だ。

　本書では過去から現代まで連綿として継承してきた垣根の技を「結んで」に焦点を絞り、土塀では「塗る」・「突き固める」を基本的な技と捉えて完成までのプロセスを紹介する。過去からの形に左右されず時代の要請に叶った垣根と土塀の誕生の手助けとなれば幸いである。

㈲龍居庭園研究所
豊藏　均

目次

デザイン＝岩黒永興／写真＝信原 修

国内点描

垣根

―その用と美―

写真＝信原　修

田中松男作品　東光寺（山梨県）

小山雅久作品
佐々木邸（宮城県）

遠方の山をより一層引き立て、しかも庭の存在感も十分に高めさせる御簾垣（みすがき）

池田幸司作品
黒崎邸（栃木県）

自然の息吹きを濃厚に感じさせる雰囲気の中で、
少しも違和感を感じさせない源氏垣（崩し）

庭の空気を引き締める

勝田守彦作品
石井邸（神奈川県）

クロチクの穂垣が外の気配を遮り、冬の庭の空気を引き締めている

景観の品性を高める

上野周三作品
東慶寺（神奈川県）
その場にふさわしい垣根は土佐産のクロチクで掻《か》いた《立会垣》

田中松男作品
島田邸（山梨県）

粗朶を用いた光悦寺垣によって庭の雰囲気は
野の空気へと変わる

空間の仕切り、視線の誘導

名取 満作品
内藤邸（山梨県）

庭空間の仕切り・遮り・視線の誘導の３つの用を兼ね備えた穂垣

風土に育まれて

佐野 廣作品
渡辺邸（静岡県）

海からの季節風を篠竹で編んだ垣根で防いだ、これが沼津垣のルーツ

橋本光雄作品
本多邸（京都府）
身近にあった竹を無駄なく綺麗に掻いたのが桂垣

川勝武彦作品
然林房（京都府）
水平や直線に縛られず、自由なライン構成を可能にしたのが光悦寺垣

河原 巖作品
奥 邸（京都府）

庭の完成度、緊密度を高めるのも垣根（桂垣）の大きな役目

結びが基本テクニック

竹垣のロープワーク

結びの芸術

結んだモノは解け、また結べる。

作庭の世界では過去から現代まで「結び」を抜きにしては考えられないモノづくりがあった。その代表が《垣》だ。

ところが、この結びの芸術ともいえる《垣》も残念ながら年を追うごとにうとんじられ、代わりに石油化学製品を素材とする垣もどきが台頭してきて久しい。

何故、それらの石油化学製品を代替品として台頭を許してきたのか、それは先人が生み出した幅広い竹垣を発展させ進化させようとしない風潮が強かったからだろう。結局、永い年月をかけて育んできた庭の造形美を自らの手で狭くしてきたようなものだ。

そこでもう一度、作庭の「結び」を見直し、基本中の基本から始めようとするのがこれからの『竹垣のロープワーク』だ。


「結び」は「目」と「体」と「手」の三つの要素で成り立っている。

「目」は結び目の「目」のこと。「目」の発達したものが、各種の「花結び」や竹垣の「飾り結び」。その「目」を縦横に連続させ、組み合わせたものが編物・刺繍・組紐・マクラメなどのロープワーク。

「体」は足場結び・荷造りの結びのようにモノとモノを固定させ、また解くという繰返しができる結び。移植樹の幹を保護する幹巻きや、日本刀の束の柄に巻き付ける紐もこの「体」の発達したものだ。

「手」は結んだ紐の先端を指す。冠婚の席で見る各種の水引や飾り房。さらに茶の湯の世界で見る、道具の収納にも「手」の込んだ飾り結びを見ることができる。

結んだモノは解け、また結べる。

持続可能なモノづくりこそ「垣」だろう。


以下は『目で見る　庭のロープワーク』右田順三編著などから転載。

四ツ目垣から始めよう

●竹垣のロープワークの基本

棕櫚縄には「染棕櫚」と「赤」とがあります。「染棕櫚」は毛を黒く染めたもので、竹垣の結びに使うものです。「赤」は棕櫚毛生地のままのものであり、重要でない部分や、目につかない部分の結びに、また、一時的に仮留めし、あとで切り放す場合などに使います。どちらの棕櫚縄の長さも約二十七メートルあります。

棕櫚縄は使う前に水に浸し柔らかくし、左図の手順でダマをつくり、ダマの中心にある縄の元口を引き出して使います。図3のBのように丸くすると転がり、使いにくいものです。

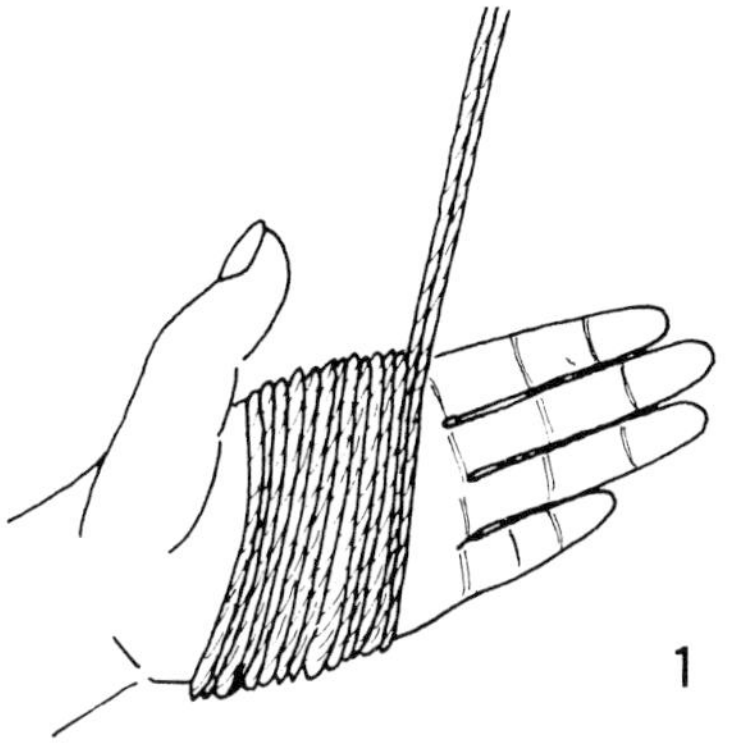

棕櫚縄のダマのつくり方

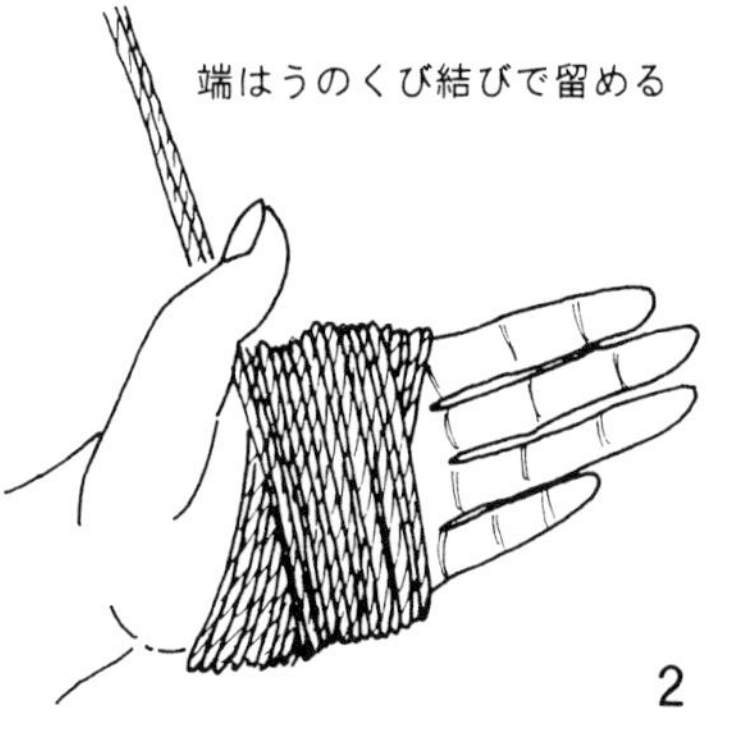

縄を交互に巻き付ける

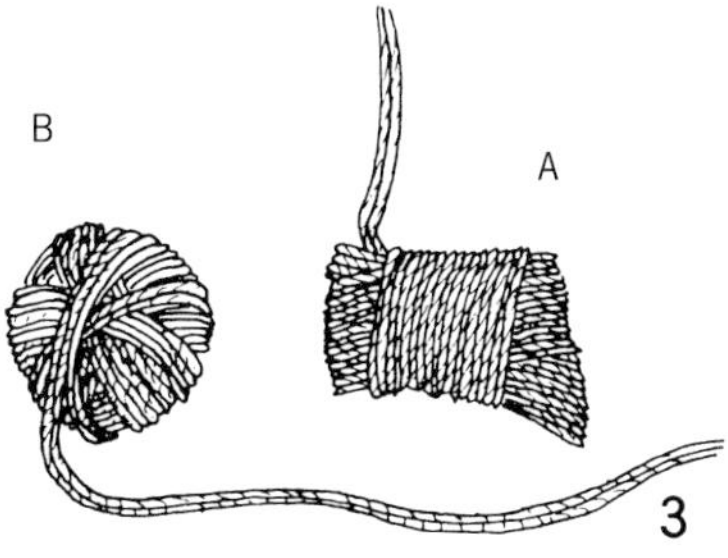

Bのように巻くと転がりやすい

水糸の結び方

竹垣や藤棚をつくったり、生垣の剪定などに不可欠なロープワークに水糸があります。

水糸を使わないでつくった竹垣や藤棚は、真直ぐにつくったつもりでも、少し離れて見ると、曲がっていたり、高さが違っていたりして、正しくつくれません。たかが一本の糸ですが、出来映えをよくするためには、おろそかにできない重要な働きをします。

水糸は、敷地に対して親柱の位置を決め、親柱に対して間柱の位置や、あるいは、胴縁や立子を決めるときなどに使います。

水糸の張り方は、四ッ目垣や竹垣のデザインによって違いますが、要は、設計図面をよく見て、親柱・間柱の高さ、および親柱と間柱の位置を一直線に揃えて現場で仕事がしやすいよう、目で見える線を描くことです。

水糸を使って四ッ目垣の位置が決まれば、それらの柱を垂直に立て、元口を地中に末口を地上に出すように埋め込み、根元を固く地かためします。次に胴縁を親柱と間柱に釘留めとし、その上から棕櫚縄二本遣いで二度巻き、裏側で結びます。縄は図のように上下左右の結び箇所で反対にかけていきます。次に立子を胴縁に等間隔に結びつけていきます。

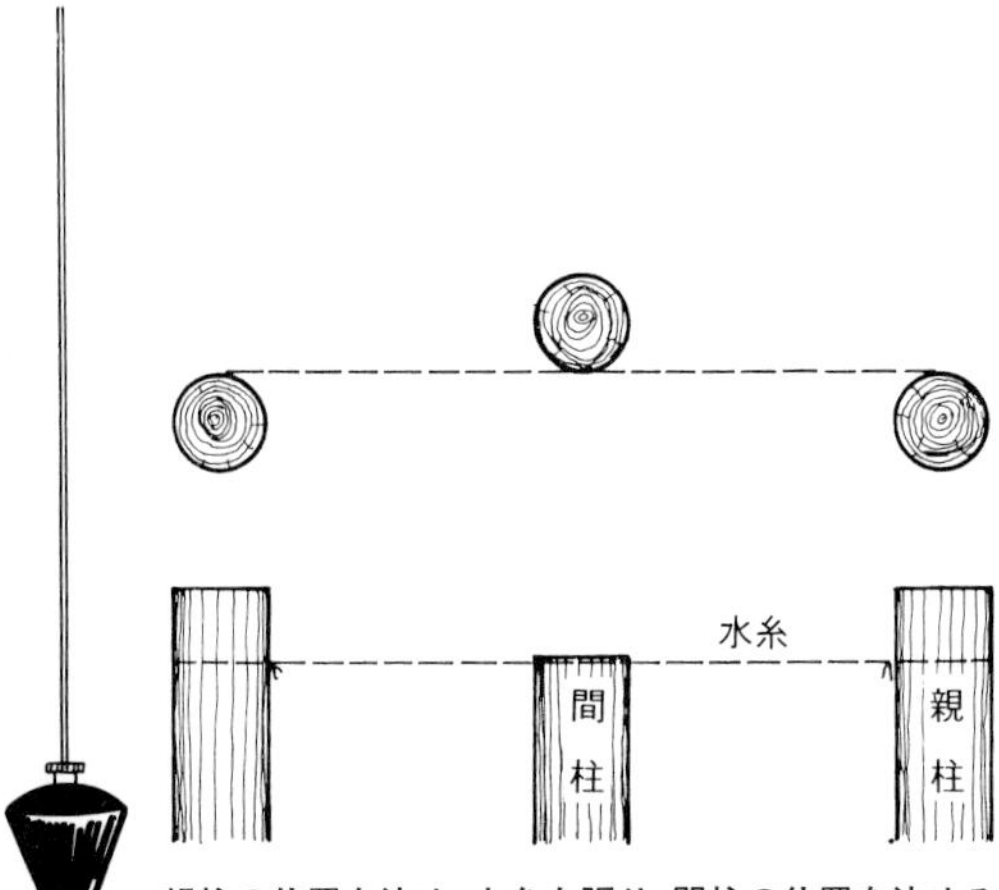

親柱の位置を決め、水糸を張り、間柱の位置を決める
左図は垂直を出す振り下げ

◆水糸の張り方

図は水糸の張り方の手順です。水糸を柱に打ちつけた釘に結んだり、糸をピンに結び、それを柱に刺す方法もあります。

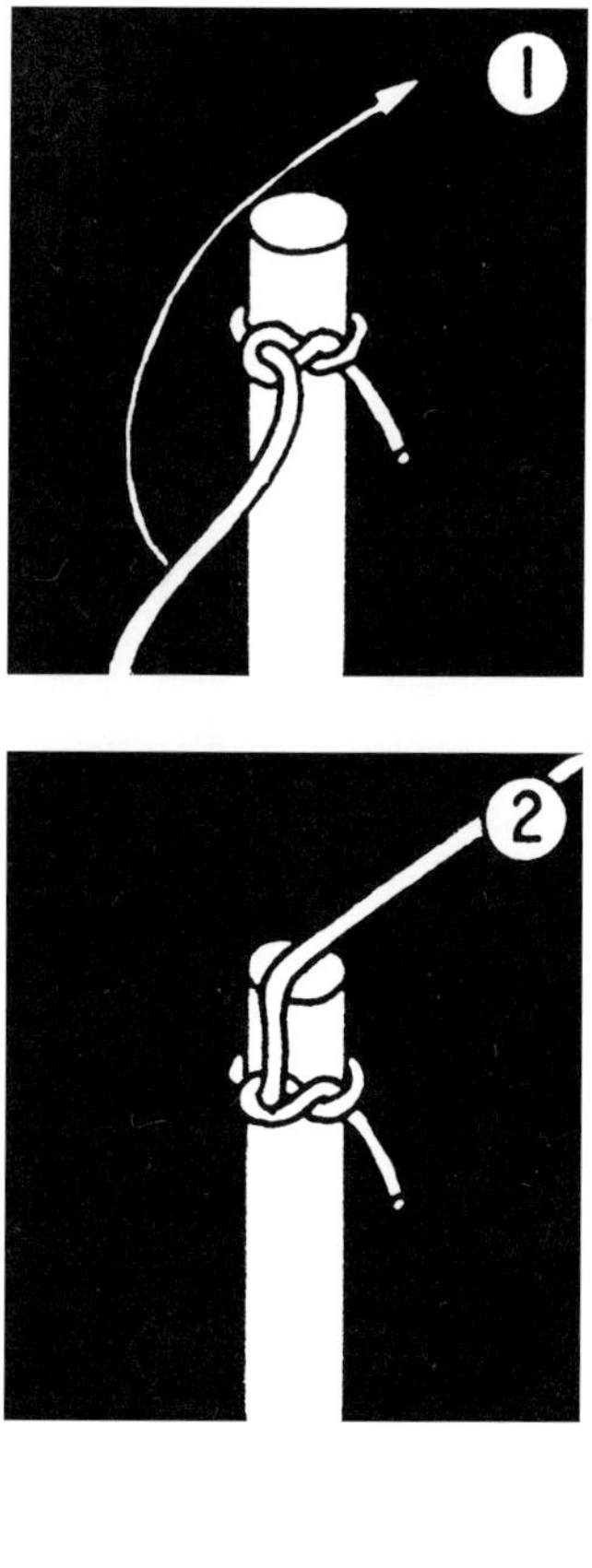

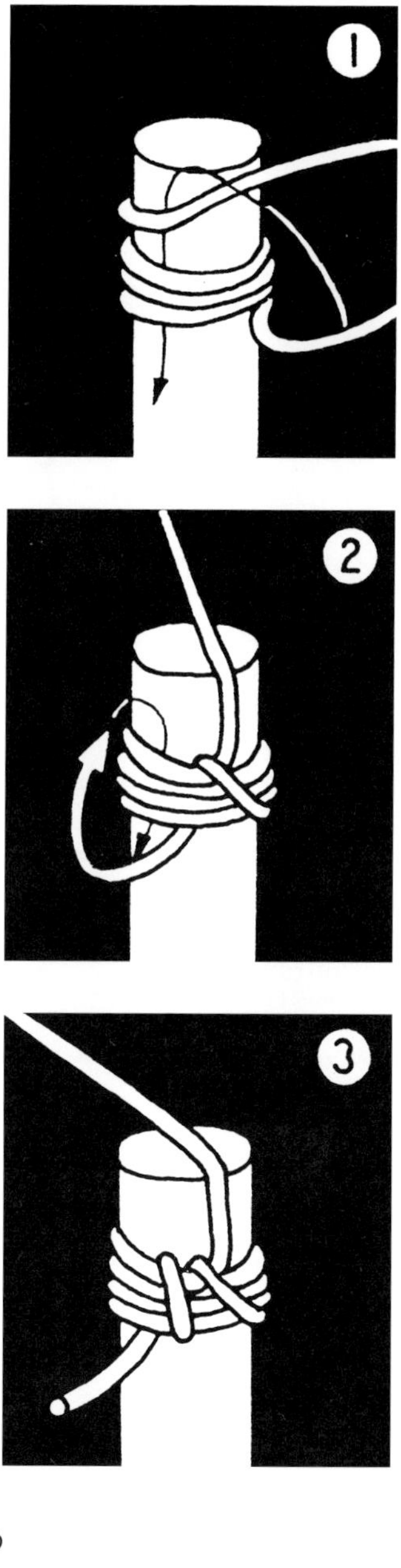

四ツ目垣の構成

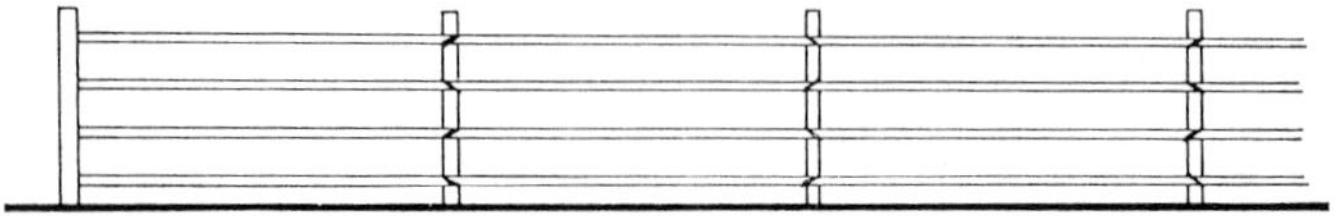

四ッ目骨組正面図

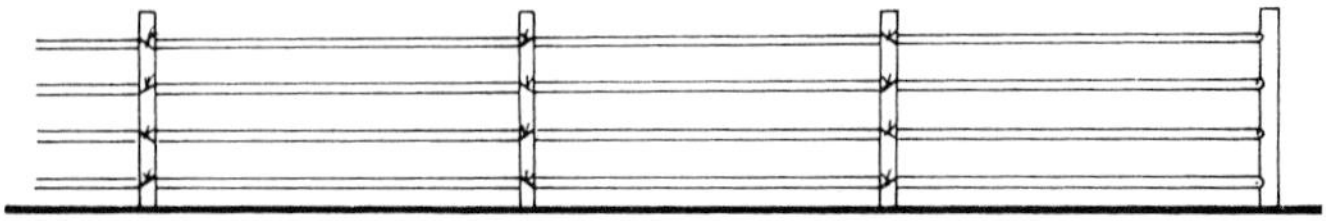

四ッ目骨組裏面図

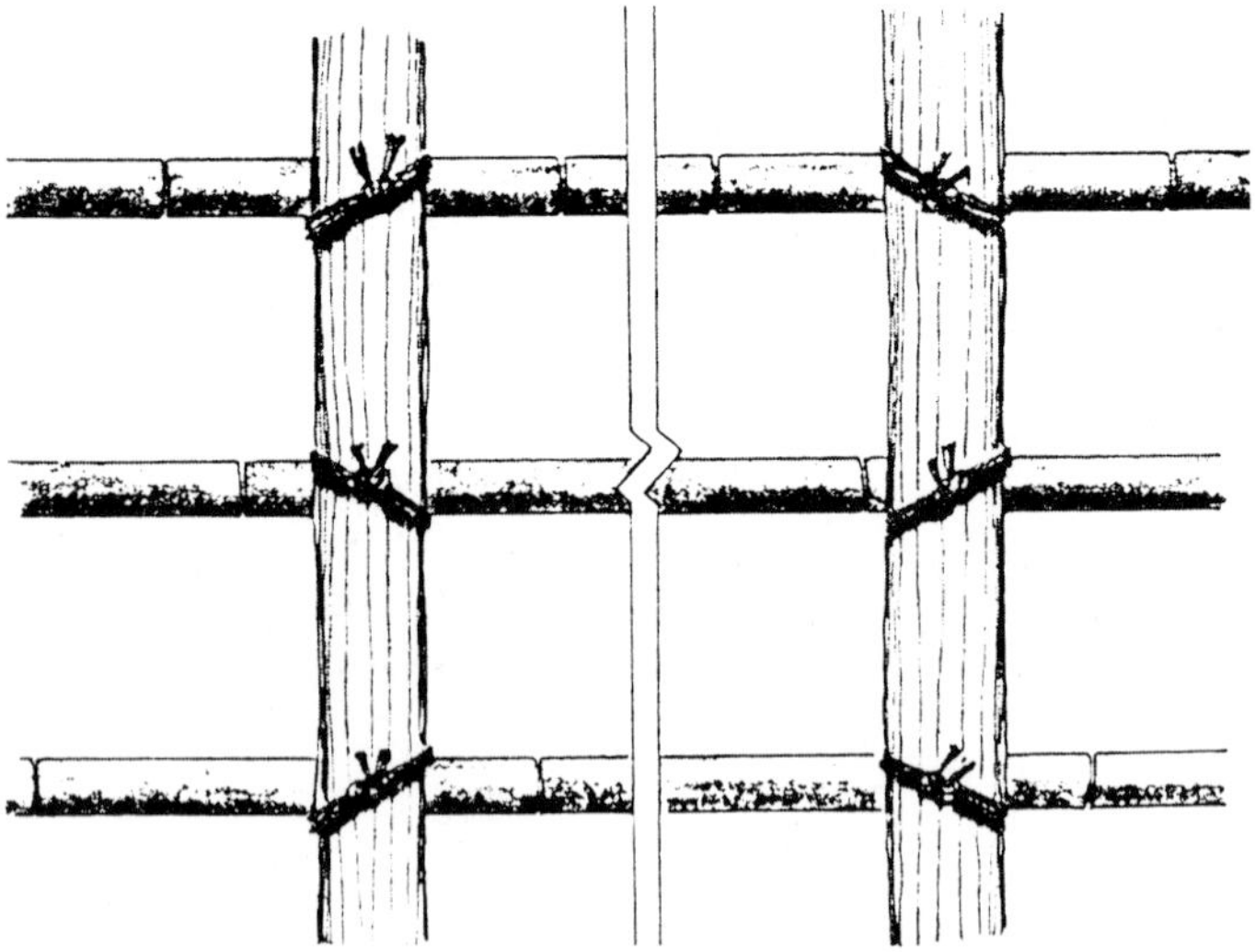

裏面拡大図

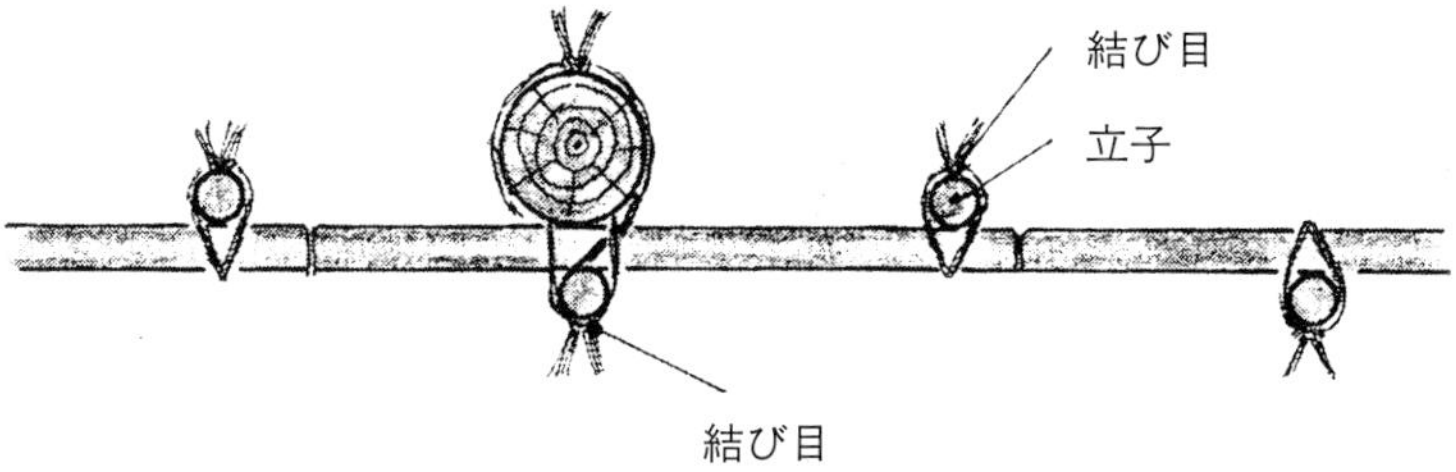

平面図

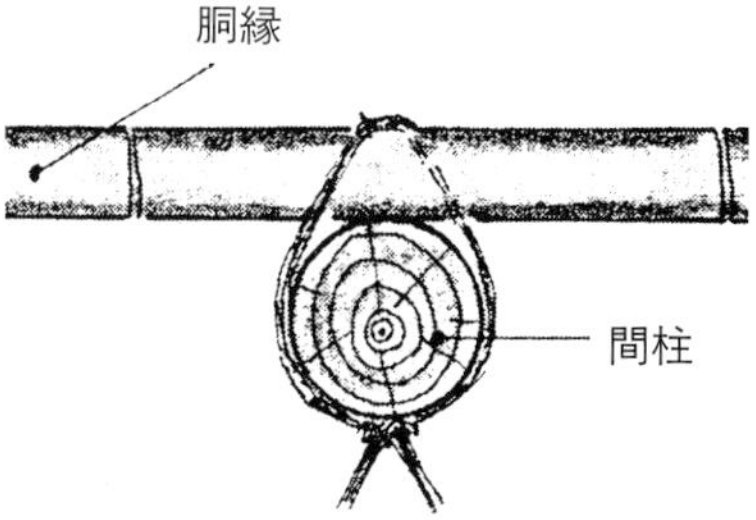

平面図

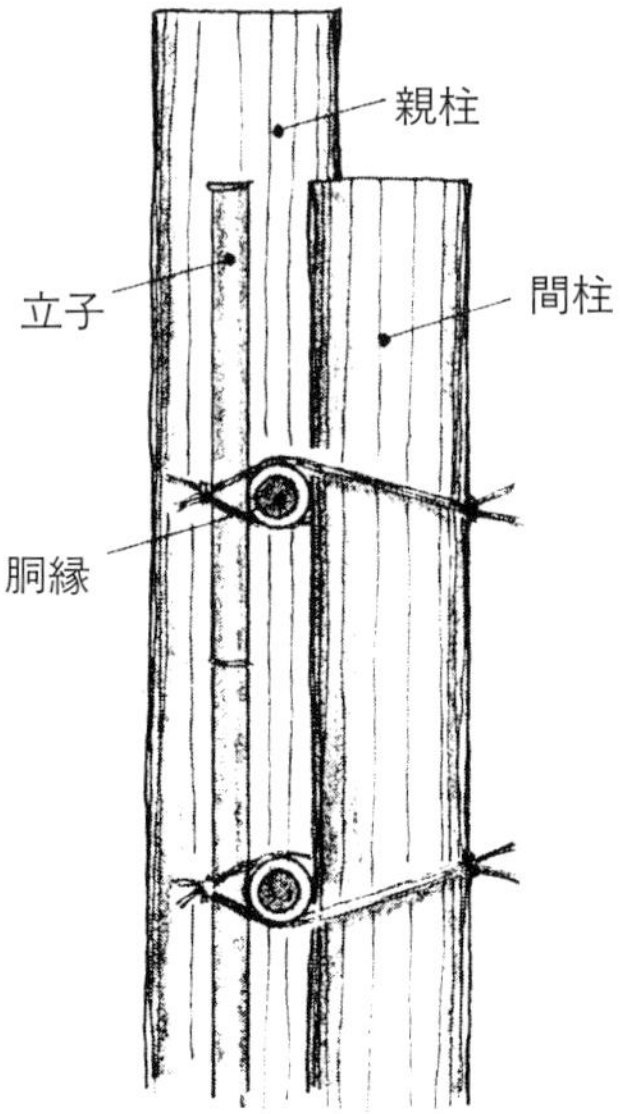

側面図

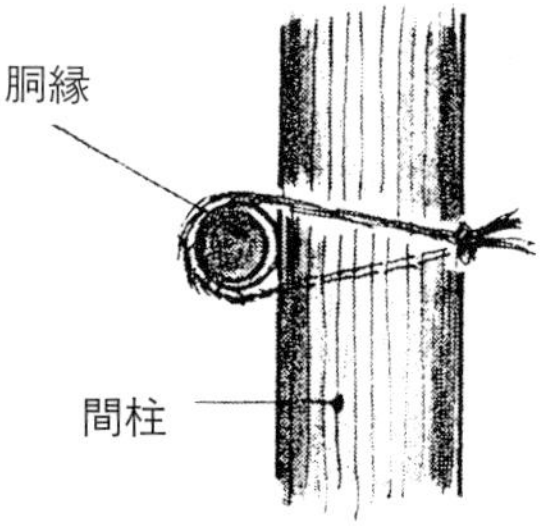

側面図

裏十文字綾　四ッ目垣の立子と胴縁を縛るときや、藤棚など、直交する竹を棕櫚縄で縛るときに用います。よく引き締まる縛り方です。

裏二の字　この縛り方は、裏側に障害物があり「裏十文字綾」では縛れないときに用います。間柱の前に立子を縛りつけるときは「裏二の字」とします。
また、建仁寺垣の胴縁と押縁の縛り付けにも使い、袖垣のように表裏のないものには「裏二の字」で縛り、表と裏にそれぞれ結び目をつくります。

男結び

この結びは棕櫚縄や藁縄を結ぶのに最も適した結び方です。「ツノ結び」「イボ」とも呼ばれています。

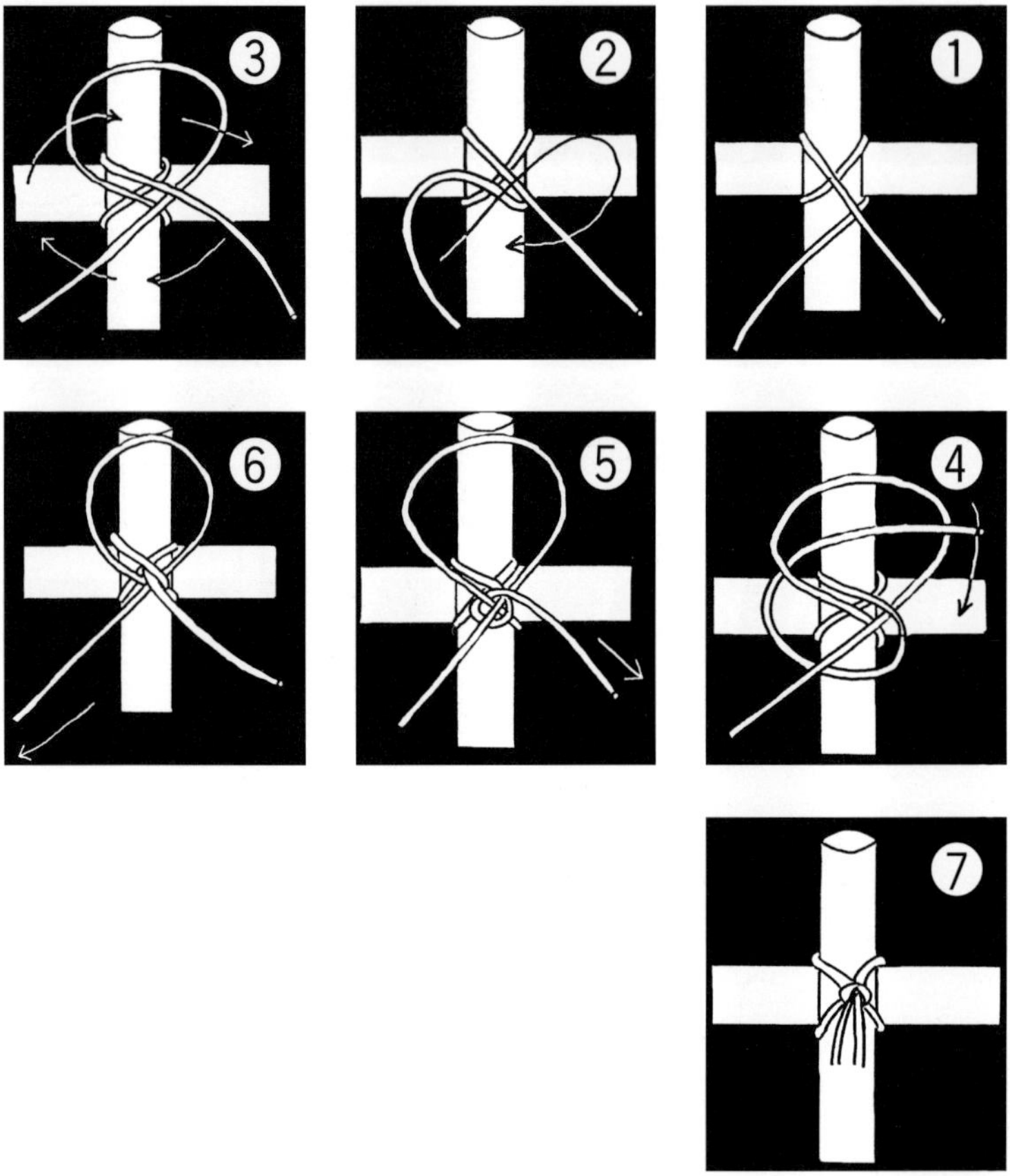

裏二の字に男結び　竹垣や袖垣の棕櫚縄の黒い結び目は、胴縁と押縁との結束の働きもしますが、装飾的な面もあります。袖垣のように表裏のないものの両側に「男結び」や「飾り結び」をつくりたいときには、まず表側から「裏二の字」で縛り、次に裏から別の棕櫚縄を使って結び目だけをつくります。

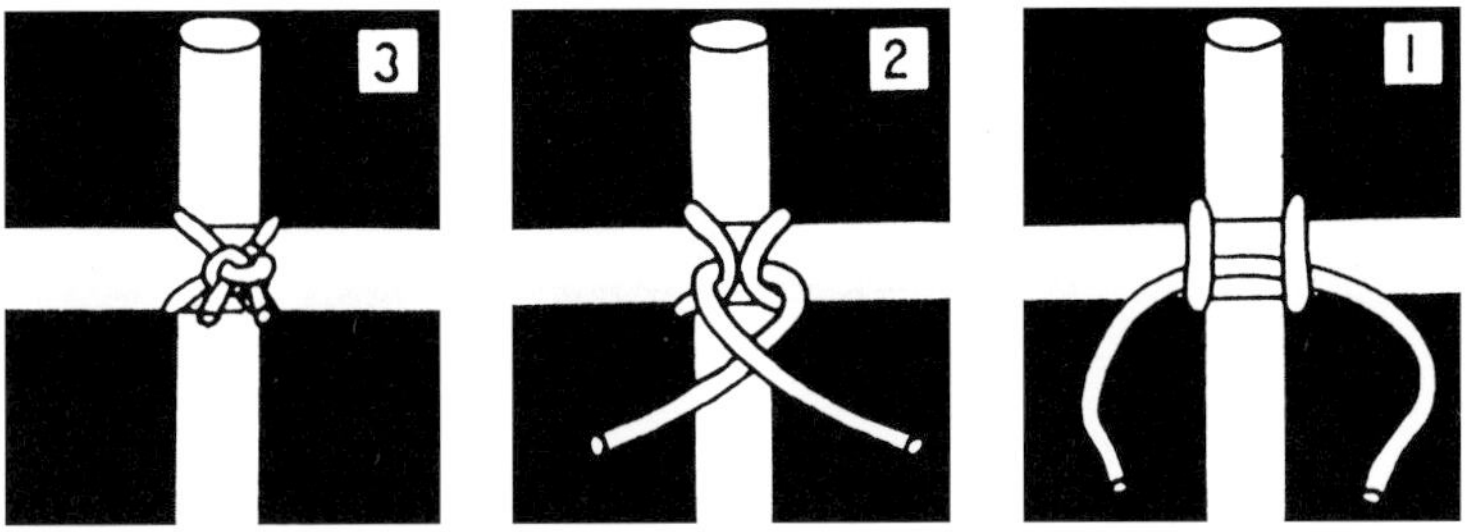

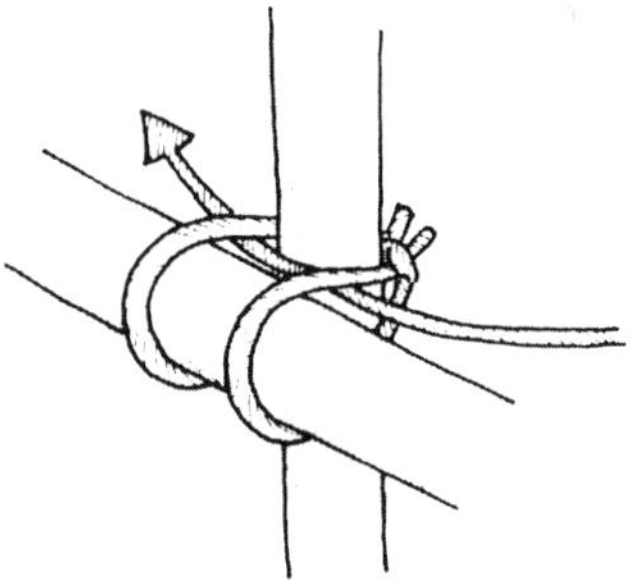

竹と竹のすき間を利用して
縄を通すとよい

シンプルで美しい四ッ目垣も男結びが基本

四ッ目垣(真)

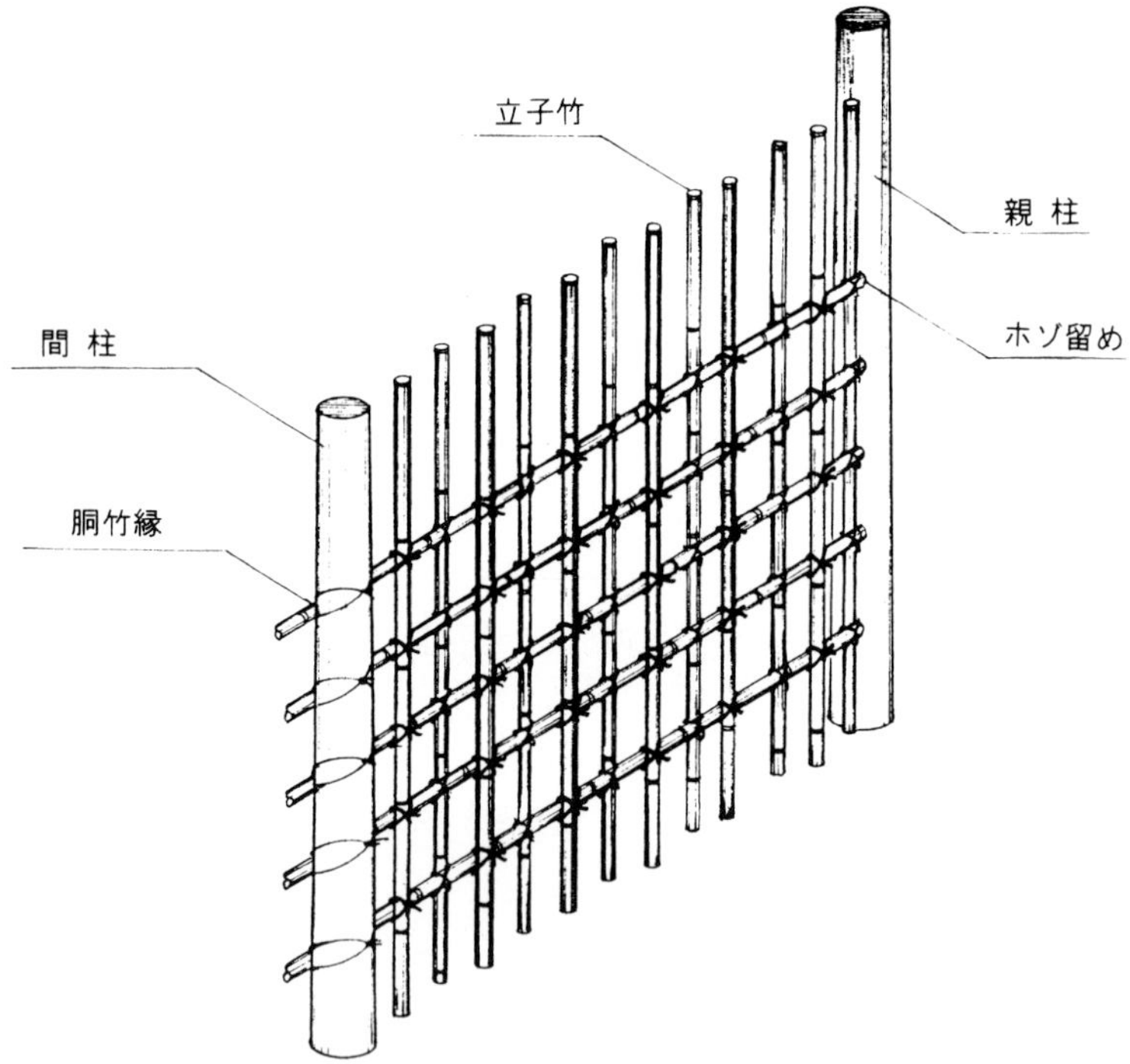

真の四ッ目垣　見取図

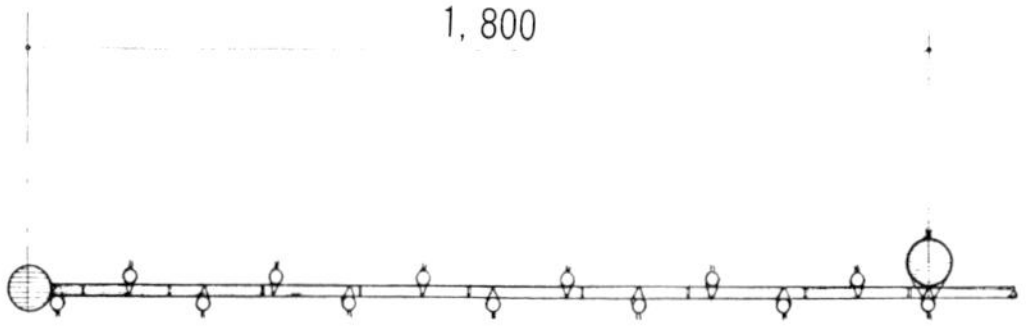
1, 800

平面図

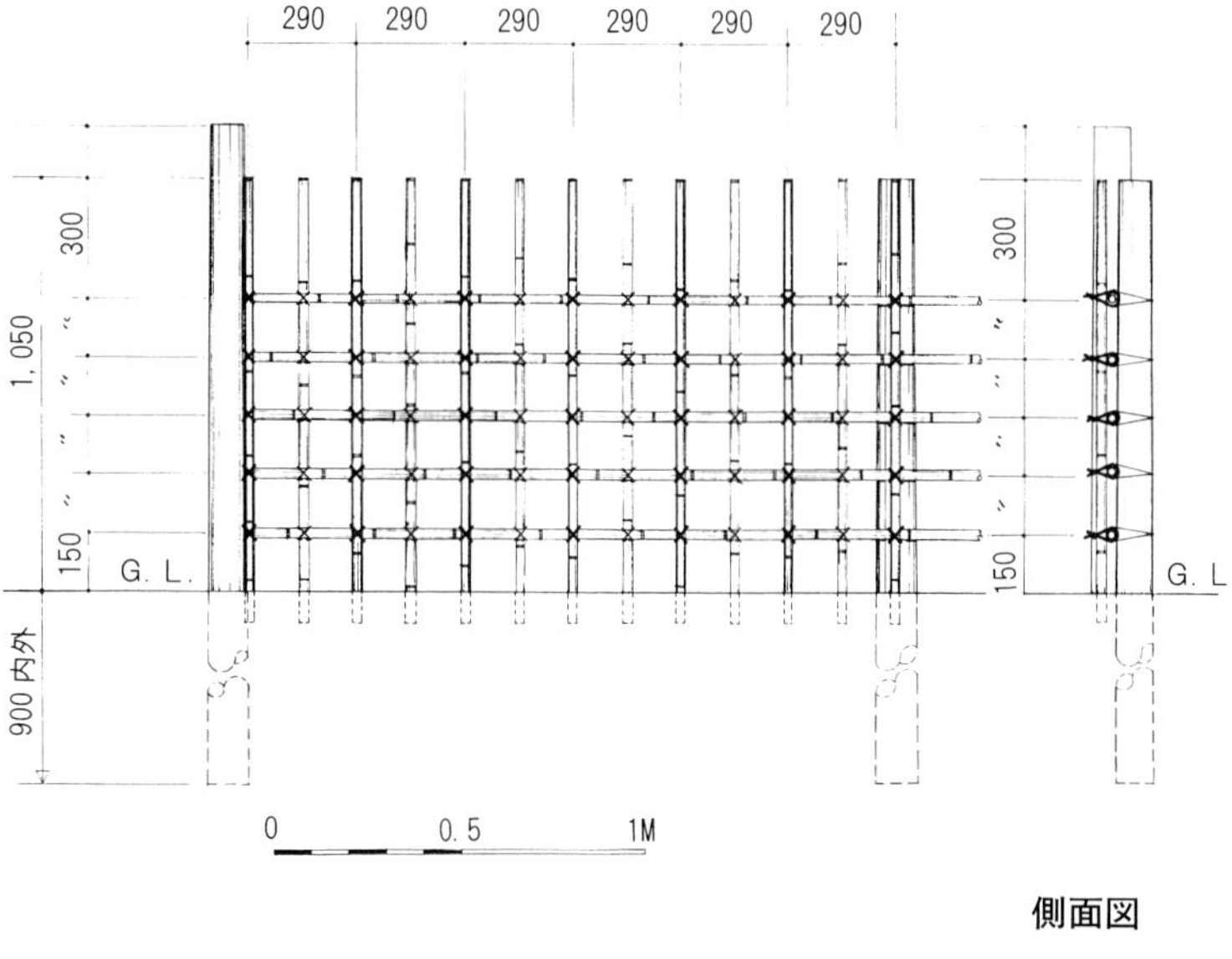
290
290
290
290
290
290
300
1, 050
150
G. L.
900 内外
0
0. 5
1M
300
150
G. L

側面図

四ツ目垣（行）

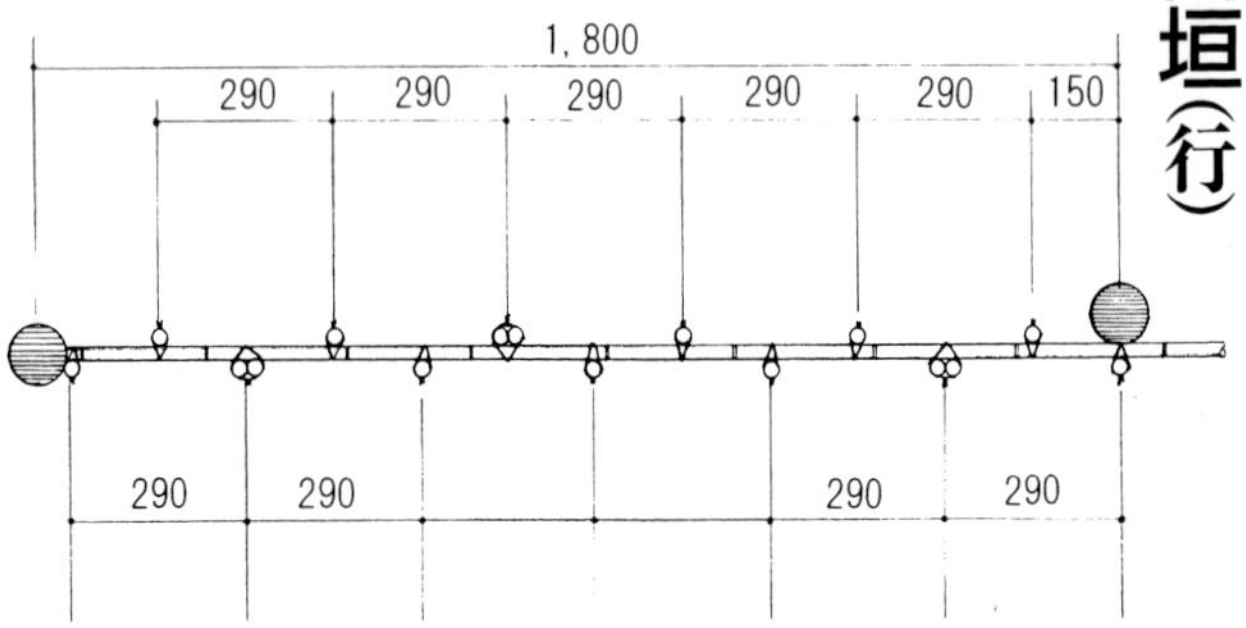

平面図

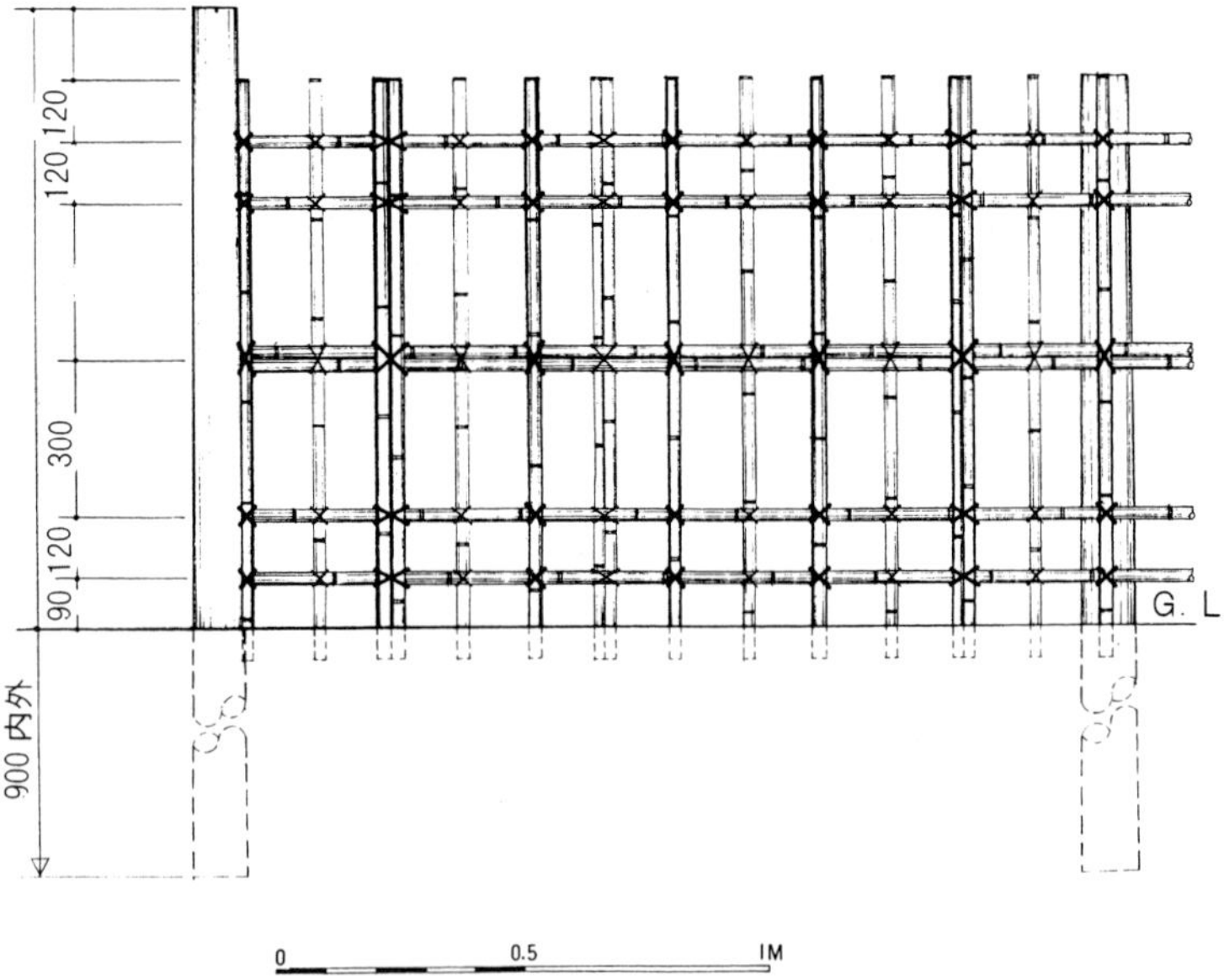

行の四ッ目垣 側面図

四ツ目垣(草)

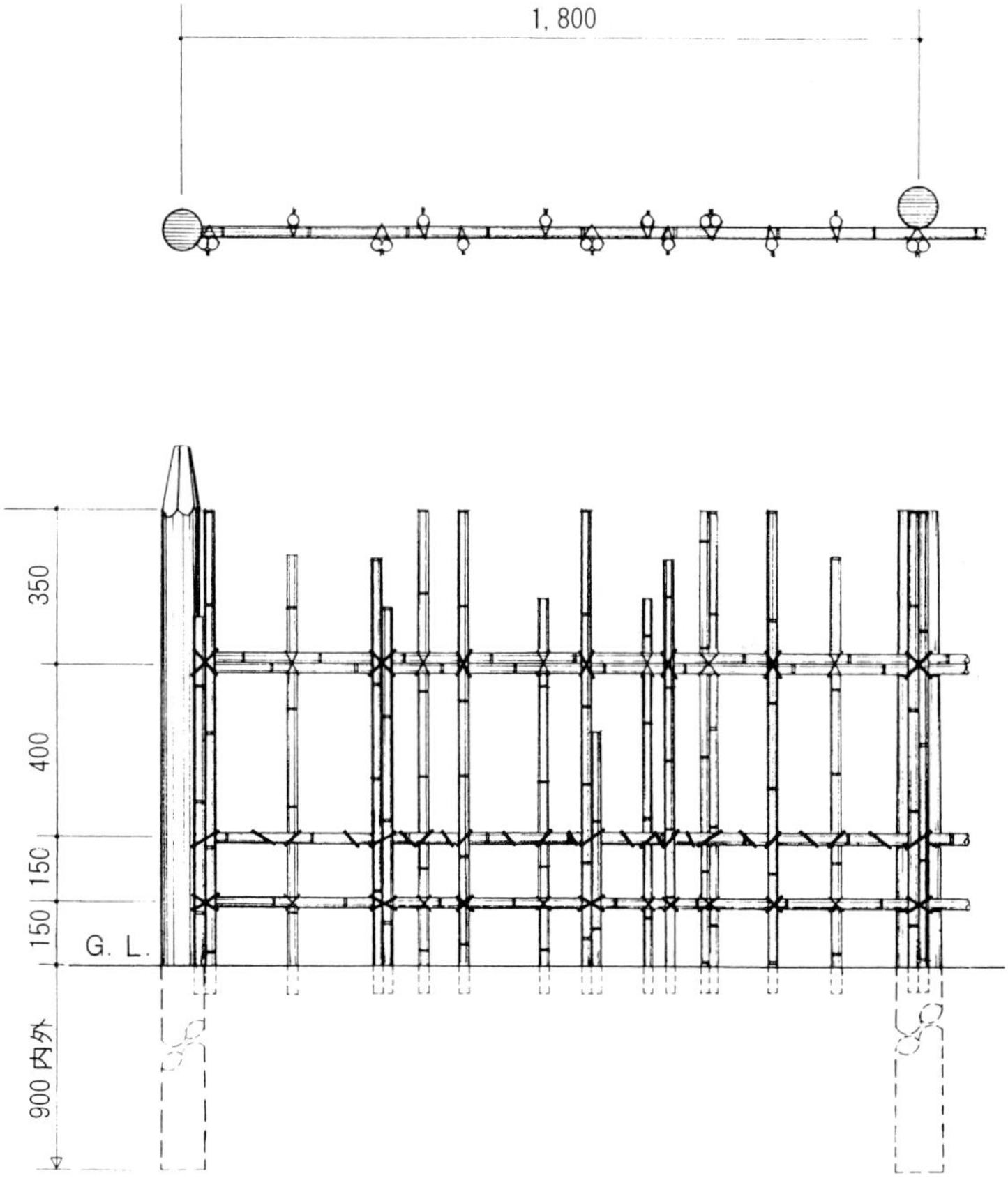

草の四ッ目垣　側面図

建仁寺垣をつくる

仕切垣にはいろいろありますが、ここではその中でも基本形とされている、建仁寺垣のロープワークを見ていきましょう。

親柱、間柱、胴縁の位置の決め方は、四ッ目垣と同様にして、設計図を見ながら、水糸と振り下げを使って正しくつくります。

親柱と間柱が垂直かつ真直ぐに、決めた場所に設置できれば、半分できあがったのも同然です。ここで、柱が傾いていないか、中心線からずれていないか確かめます。後の作業にはいってから修正するのは大変なことです。

次に棕櫚縄で立子(割竹)を胴縁に掻き付けとし、押縁で固定します。

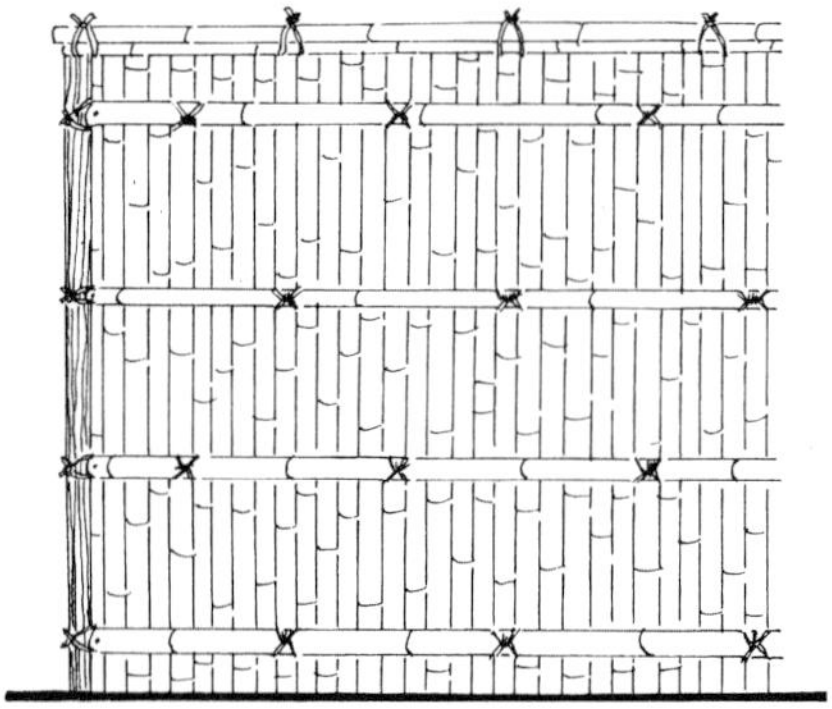

建仁寺垣

玉縁の飾り結び－A－

玉縁の飾り結び－C－

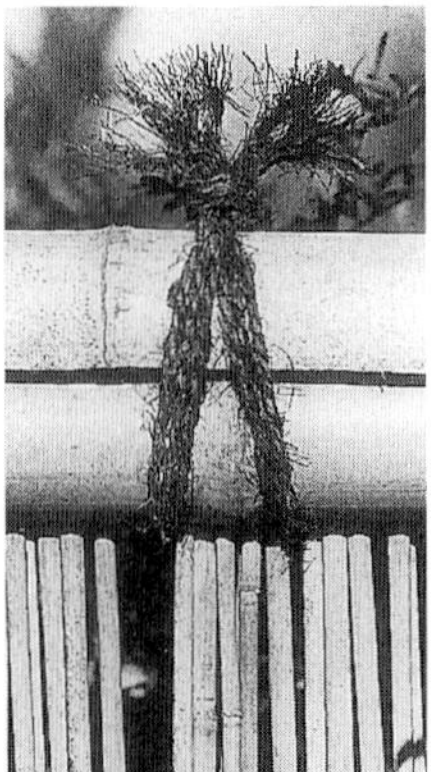

玉縁の飾り結び－B－

立子の掻き付け

一般によく使われているのがこの掻き付け方です。

掻き付けは立子を胴縁に一時的に結びつけることとです。その上に、押縁で本式に立子を締めつけます。親柱と間柱に釘留めしている胴縁は何本かありますが、これらすべてに立子を掻き付けることはありません。

普通の建仁寺垣では上から三本目の胴縁に掻き付けるか、上から三本目と下から二本目に掻き付ければ十分です。

掻き付け方としては、向かって左側の親柱と切付留めをした胴縁の接している部分に、棕櫚縄を巻き付け男結びで留めます。次に図の要領で巻き付けるように立子を掻き付けていきます。

押縁を使う建仁寺垣では、直接掻き付けの縄が見えませんので染棕櫚は使わず、赤を使います。

①

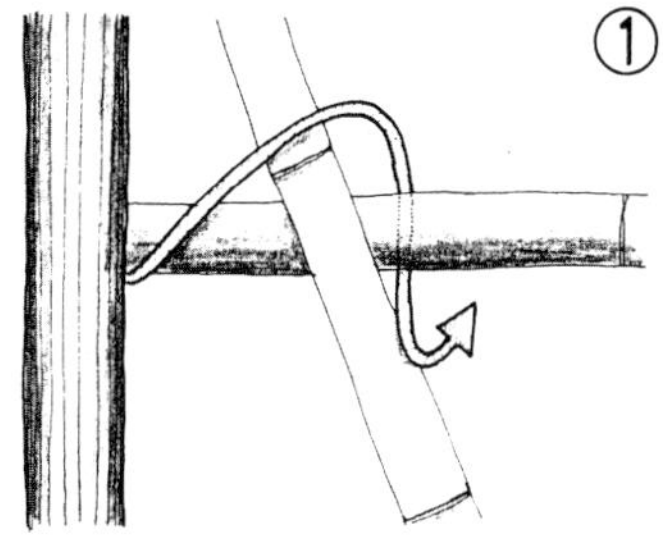

②

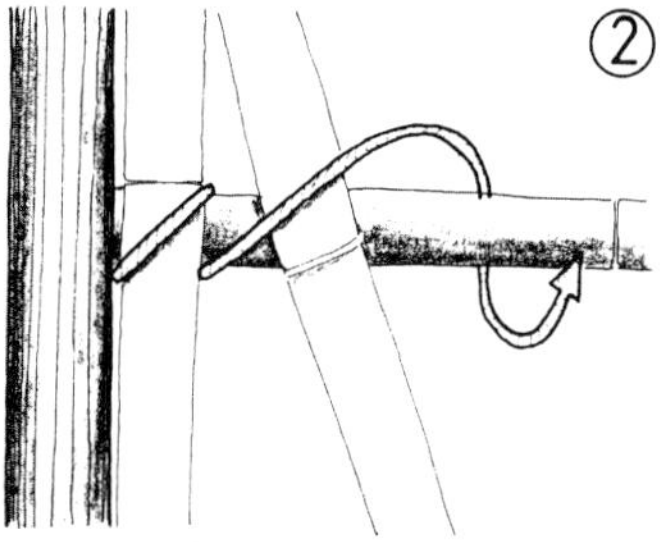

③

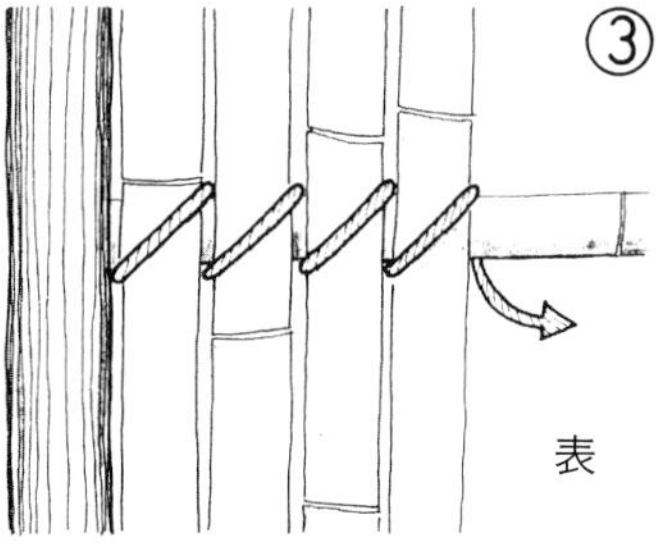

表

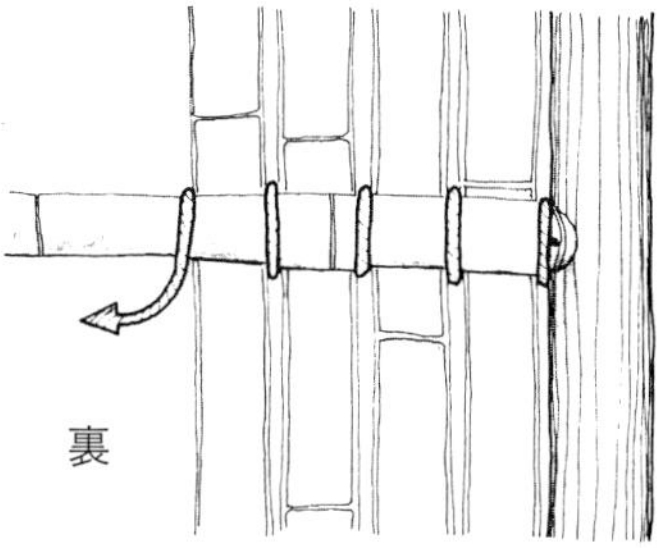

裏

立子の掻き付け——A

立子の掻き付け方の一種です。

棕櫚縄の中間から始めるか、二組の棕櫚縄を使って掻き付けます。

図のように、表側はたすき掛けとなり、裏は縦二の字となります。押縁を使わない建仁寺垣の掻き付けによく使います。

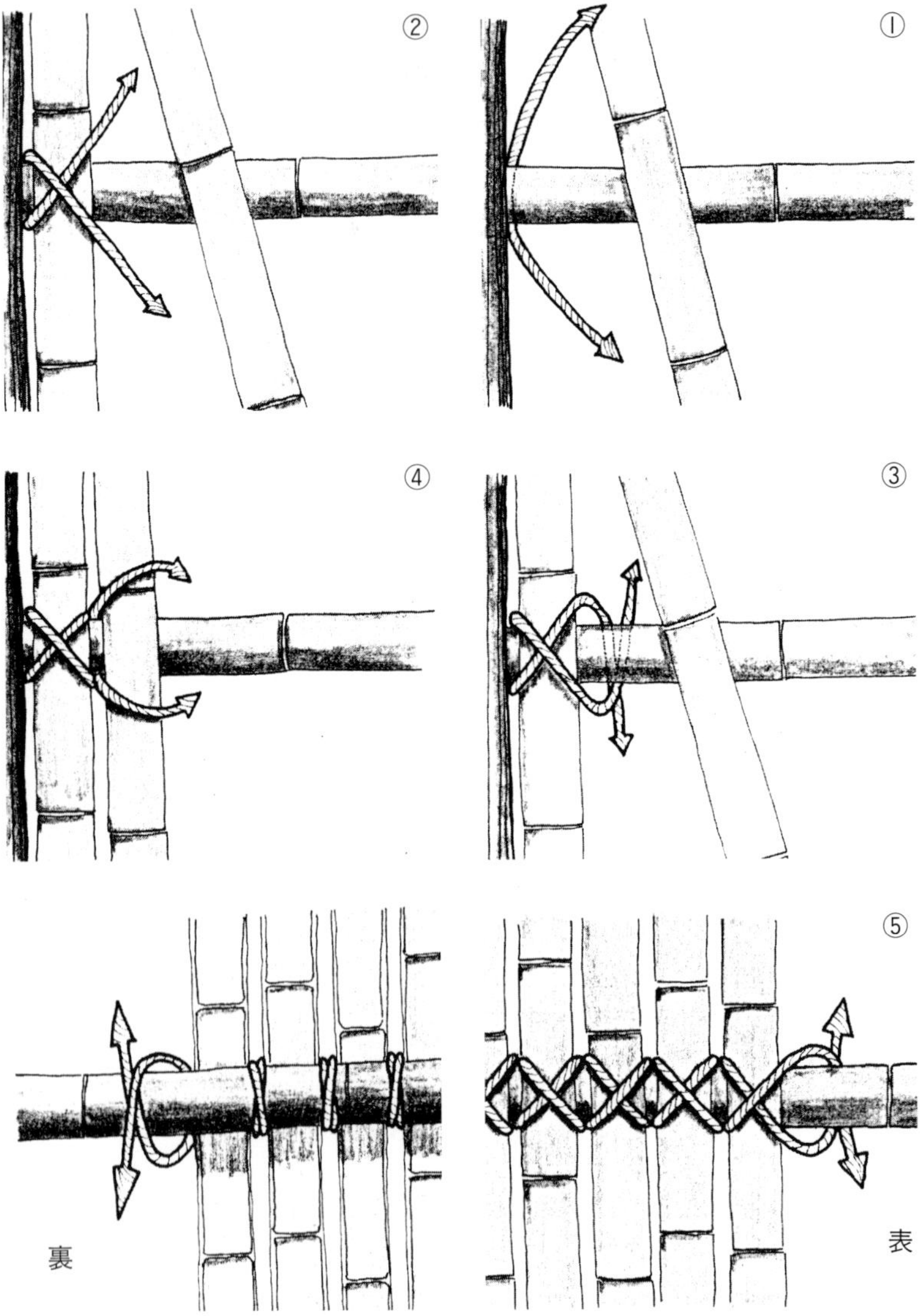

立子の掻き付け——B

立子の掻き付け方の一つです。

棕櫚縄を胴縁に男結びで留め、図の順序で掻き付けていきます。

図のように、表は高さの異なる一の字、裏は縦二の字となります。押縁を使わないときの立子の掻き付けにも使います。

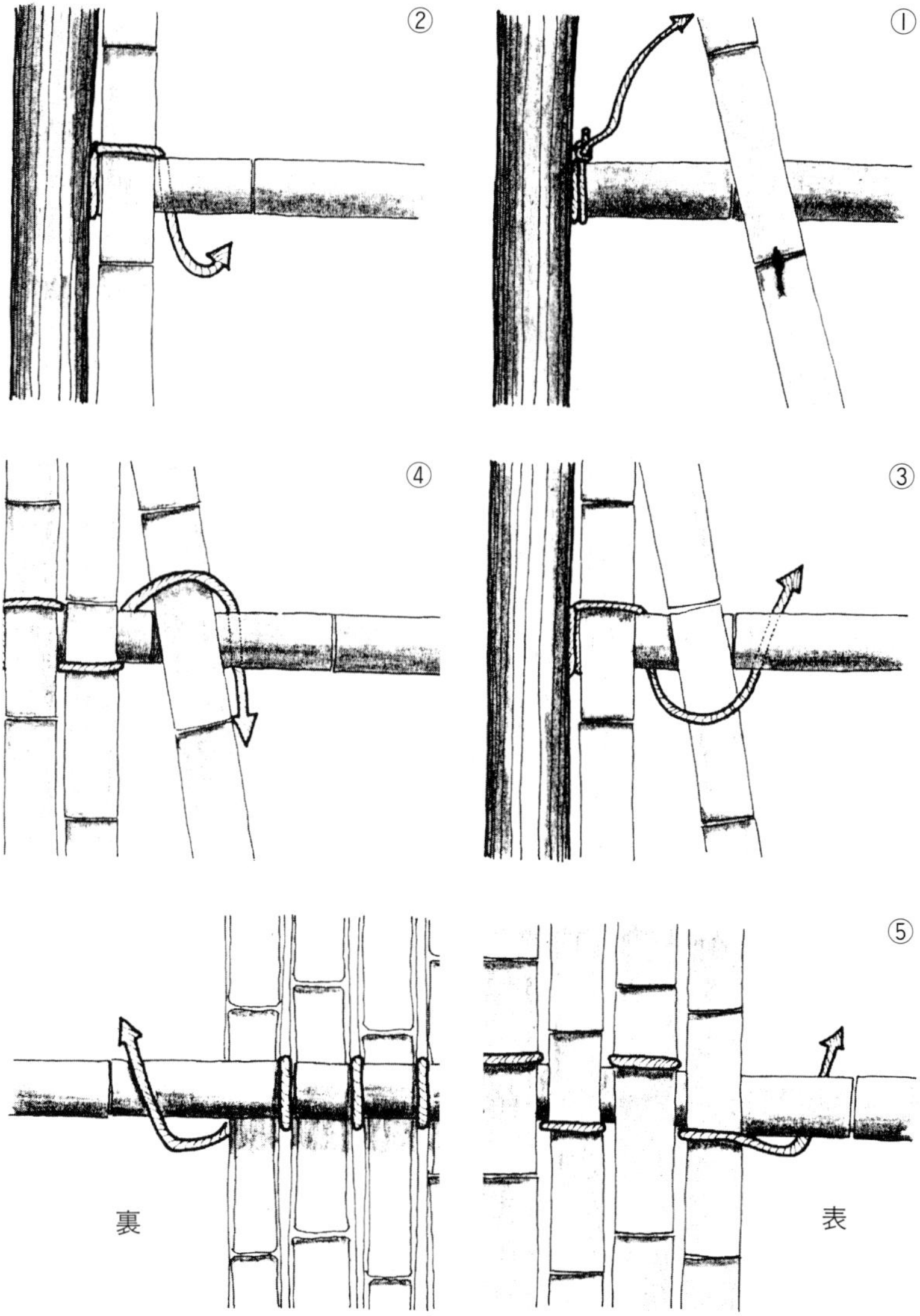

押縁とくり針

立子の掻き付けが終われば、次は、押縁の締め付けにはいります。くり針を使って、棕櫚縄を「うのくび結び」とします。

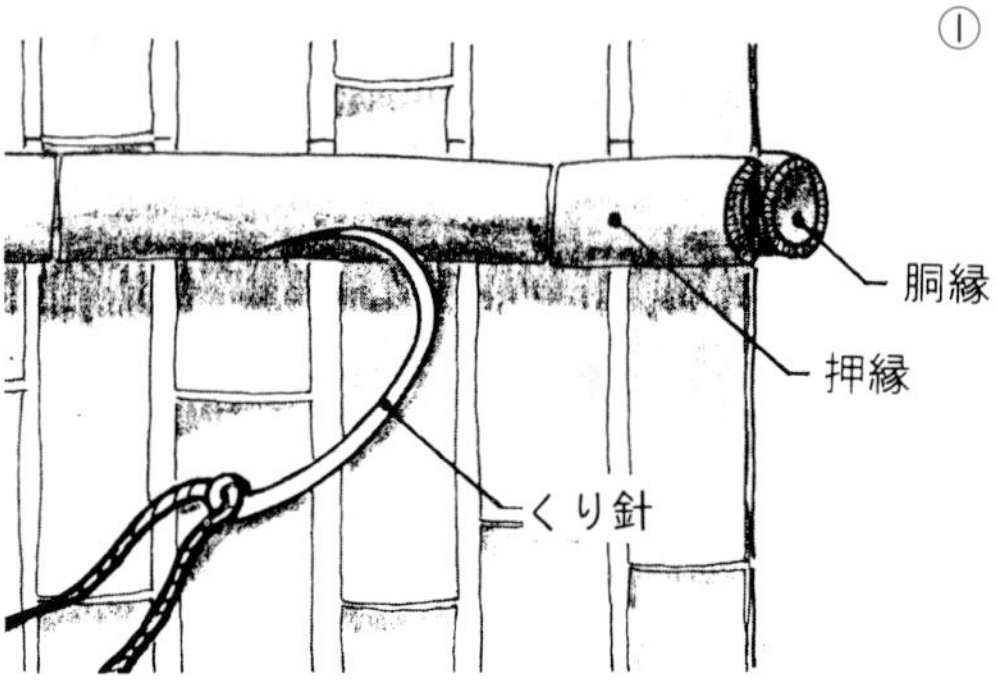

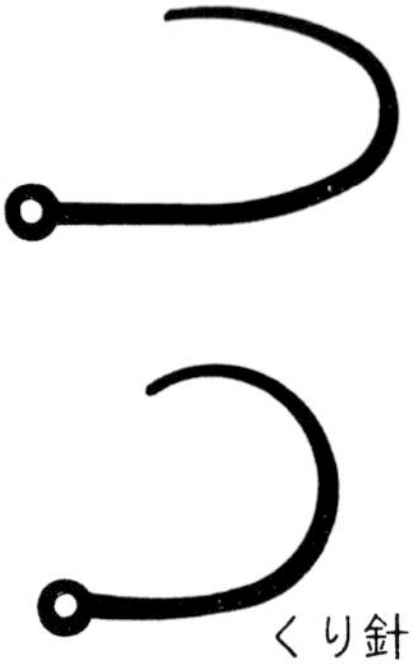

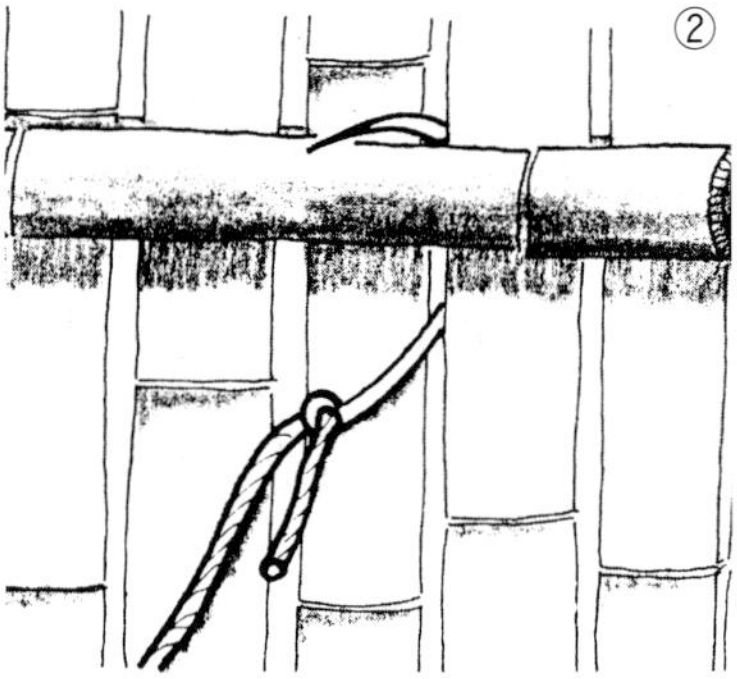

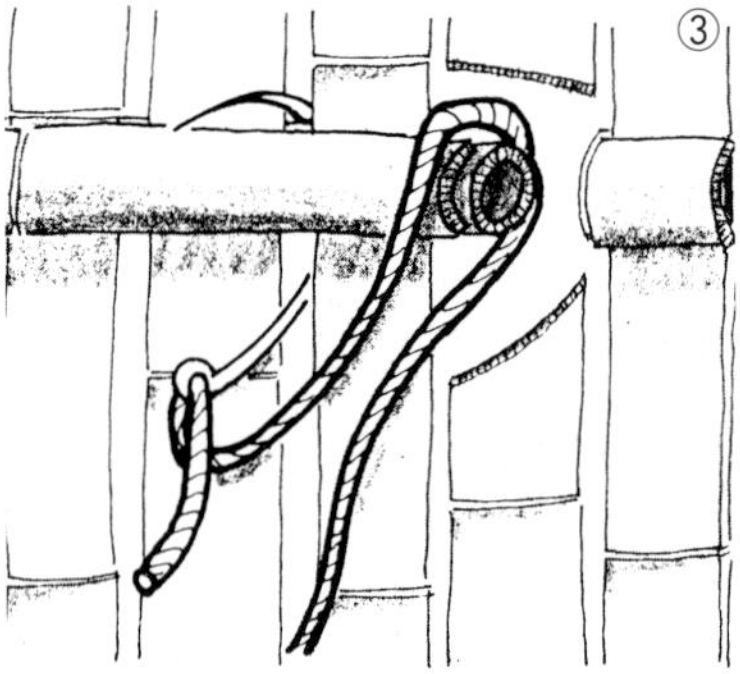

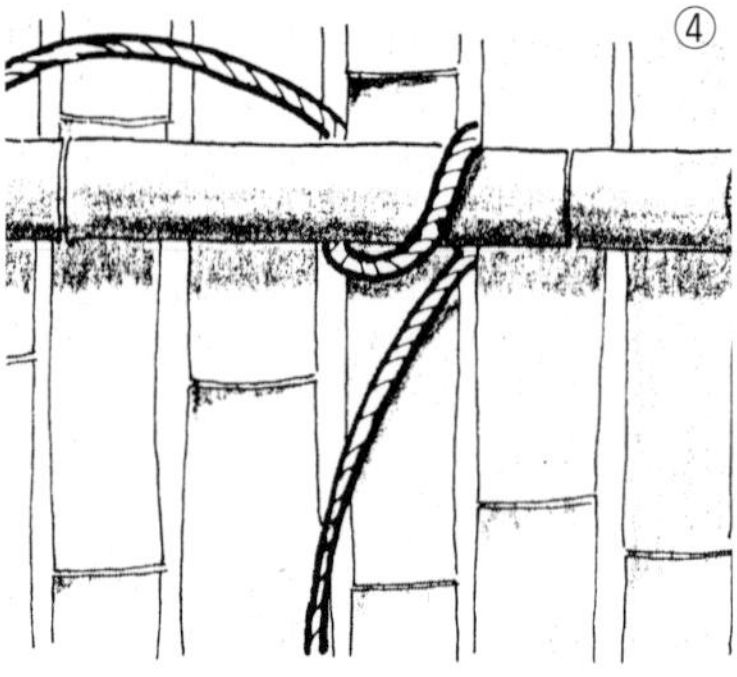

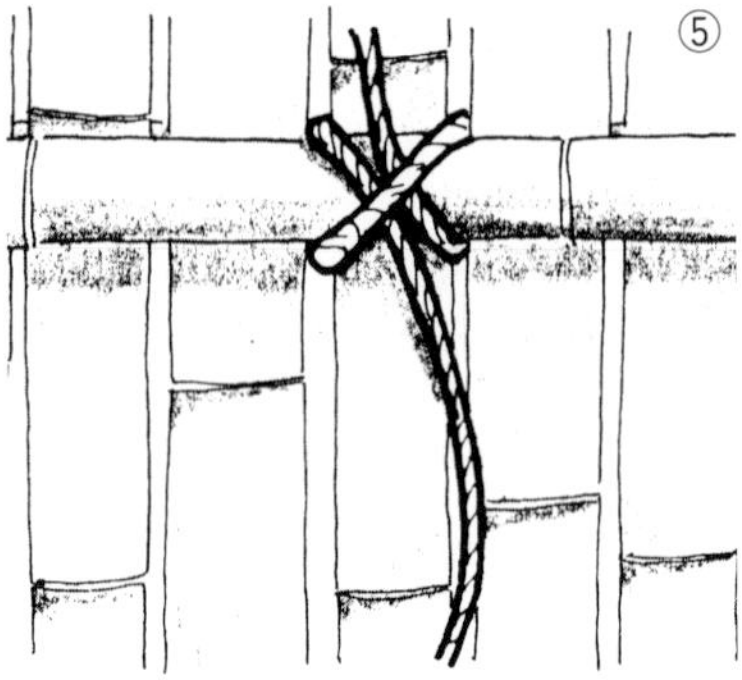

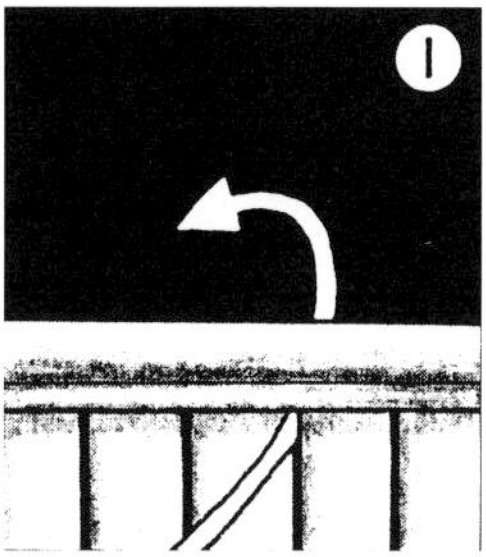

玉　縁

立子の頭と胴縁とにかぶせた大形の割竹を玉縁といいます。
図は、玉縁の棕櫚縄掛けの手順です。

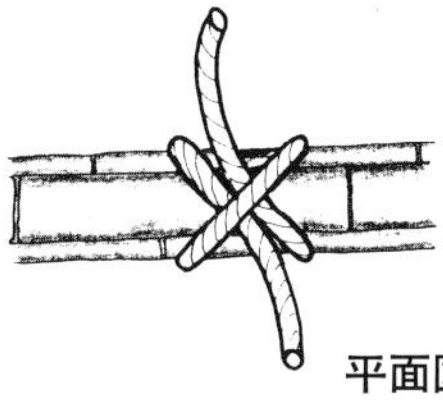

平面図

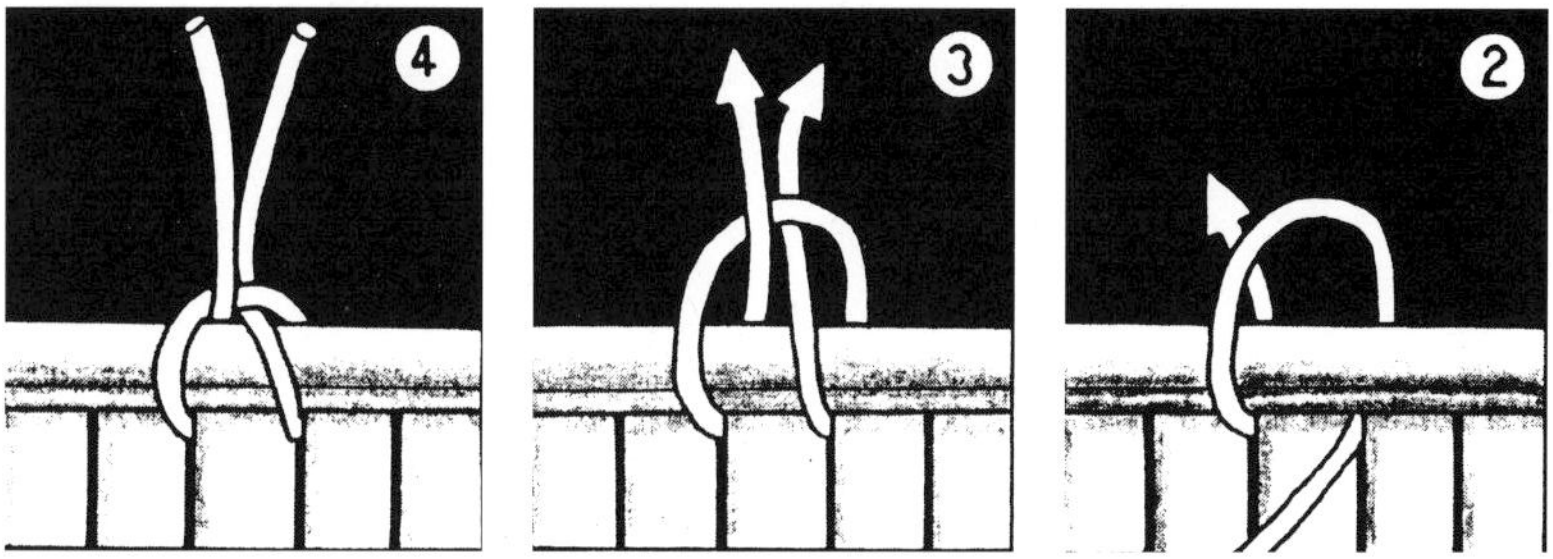

玉縁の飾り結び　その1

これは、略式の飾り結びです。玉縁に掛けた棕櫚縄を男結びで一度留め、その上に図の手順で飾りをつくります。

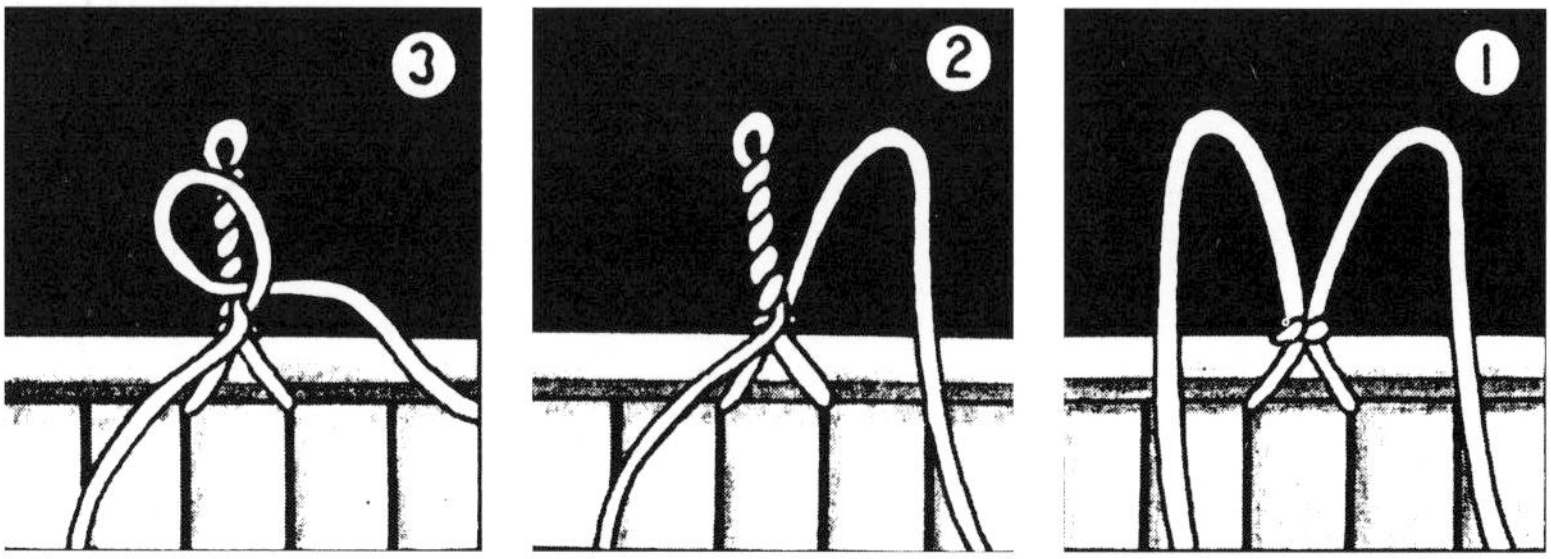

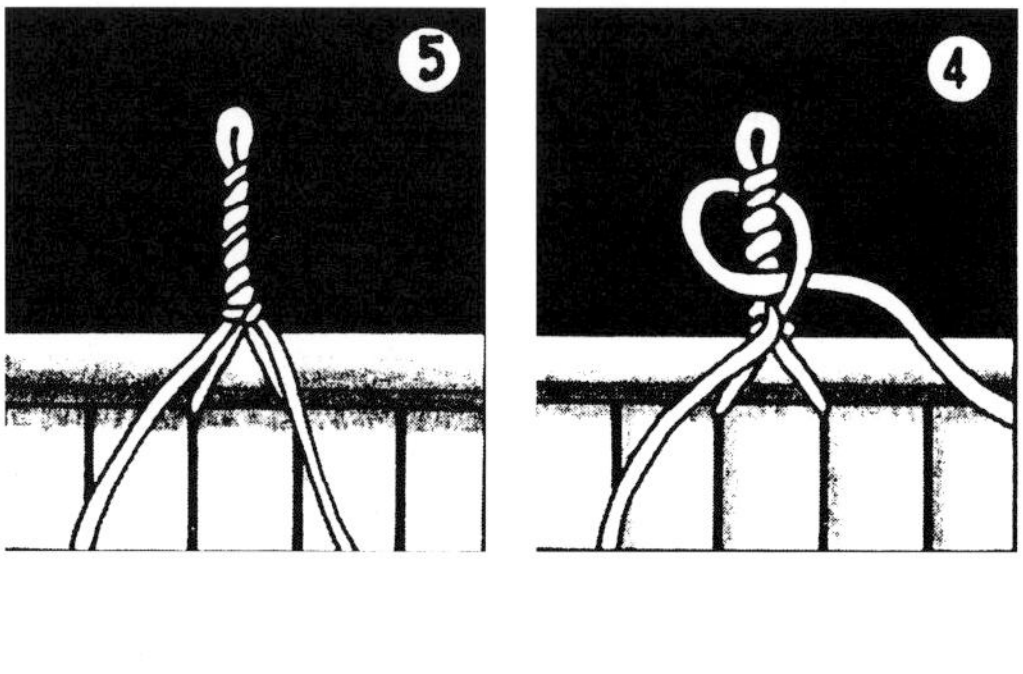

玉縁の飾り結び　その2

玉縁の本式の飾り結びです。

図①から図④までは男結びの「手」の部分を二重にした変形です。図⑤の状態で結びは解けません。図⑤でできた輪を利用して、図⑥から図⑨の手順で飾りをつくります。この図⑤の状態を利用して、「蜻蛉(トンボ)結び」や「蝶結び」などの飾り結びもつくれます。

また、飾り結びの房の本数を多くしたい場合は、図⑤の手順でできた輪に、切った棕櫚縄を数本通して、房の本数を多くします。

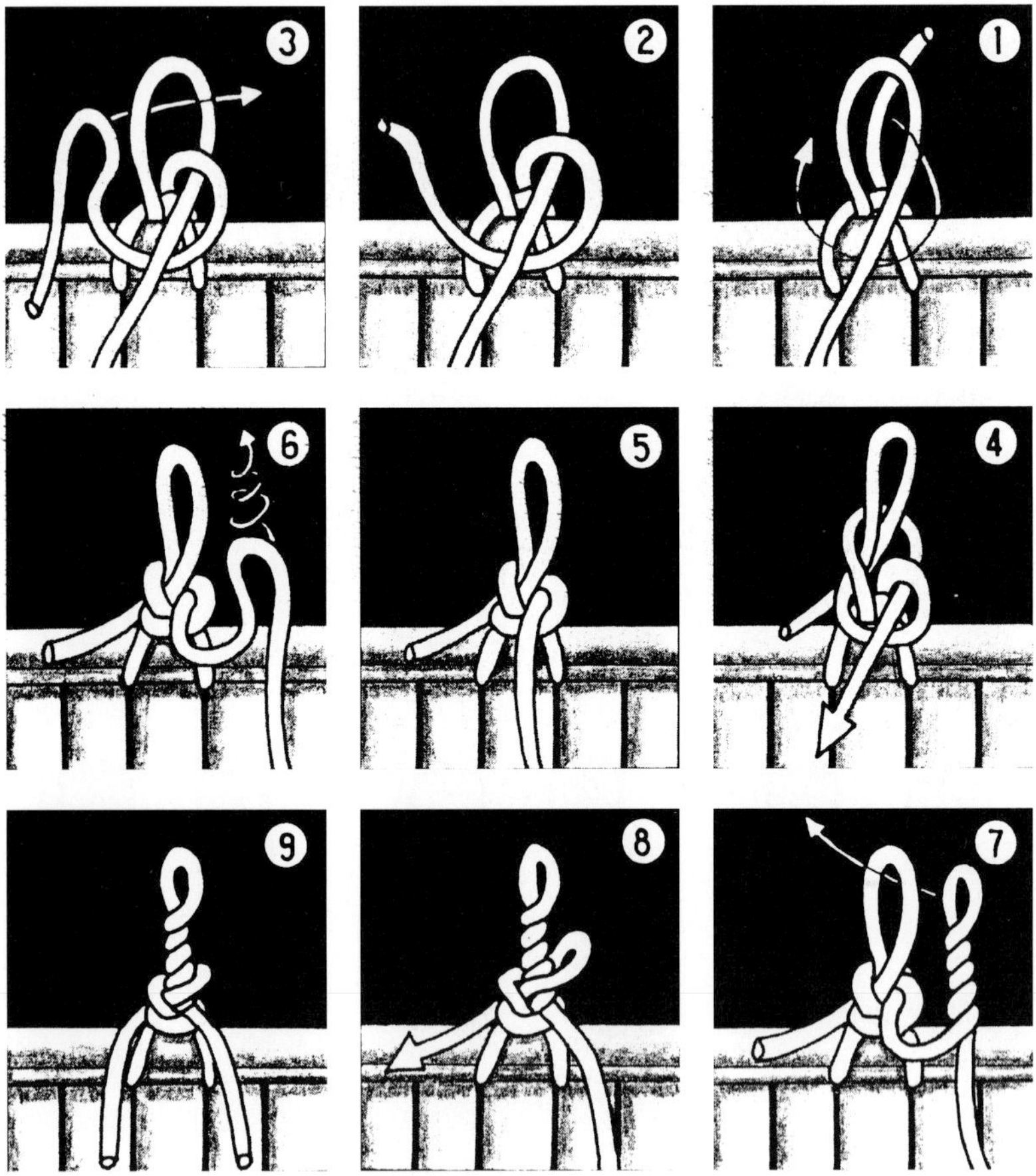

本式の飾り結びの手順(図③)から変形したものです。図⑥の状態で、初めて安定した結びとなります。

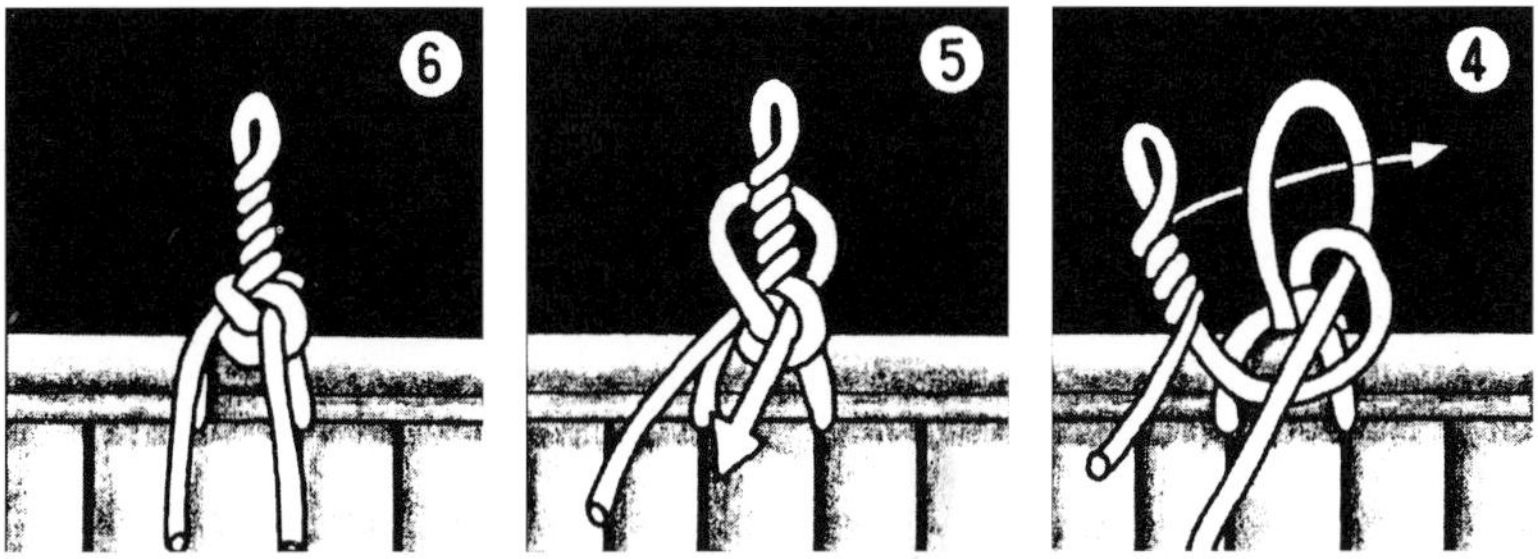

蜻蛉(トンボ)結び

蝶結び

花結び

建仁寺垣（一重）

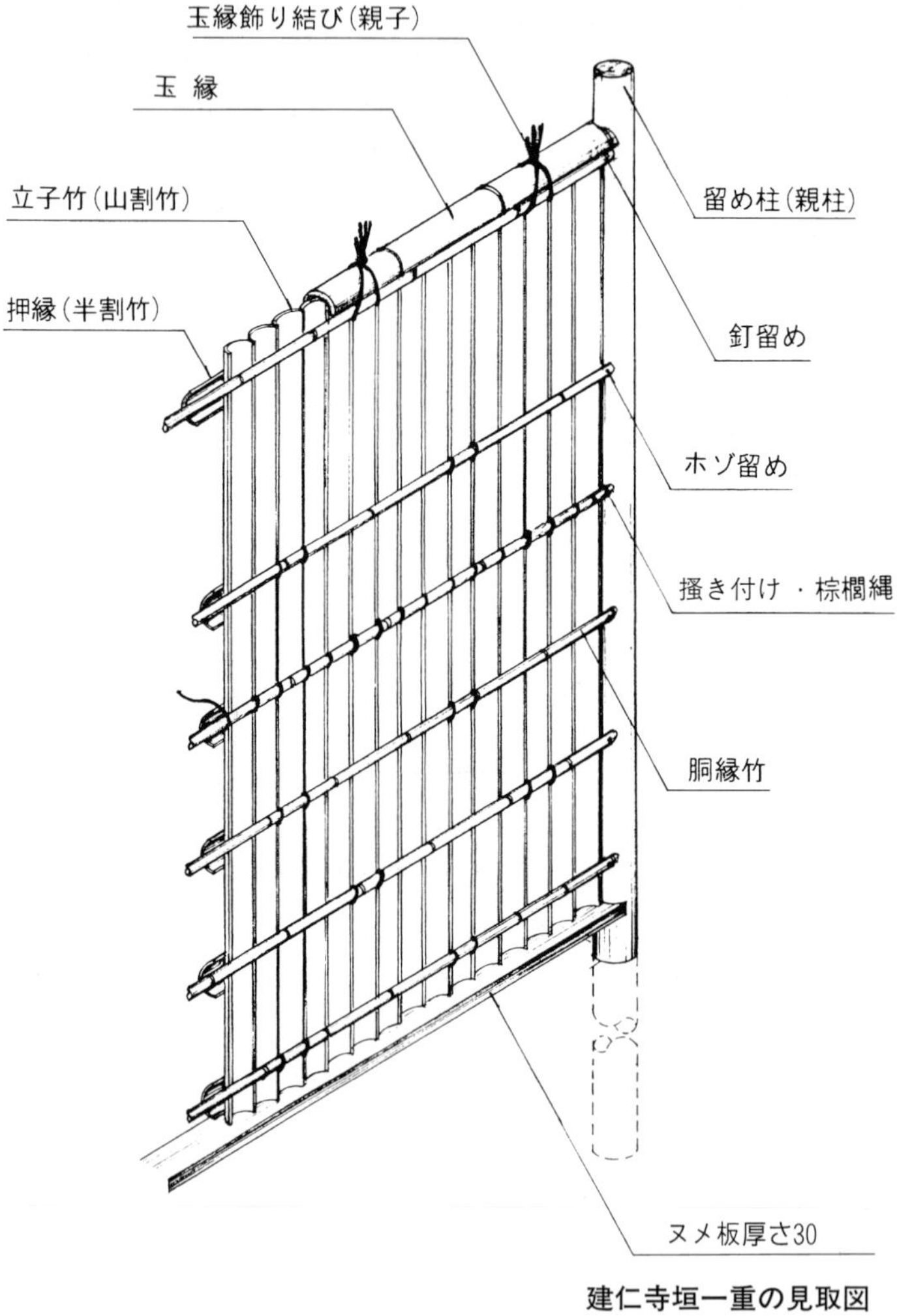

建仁寺垣一重の見取図

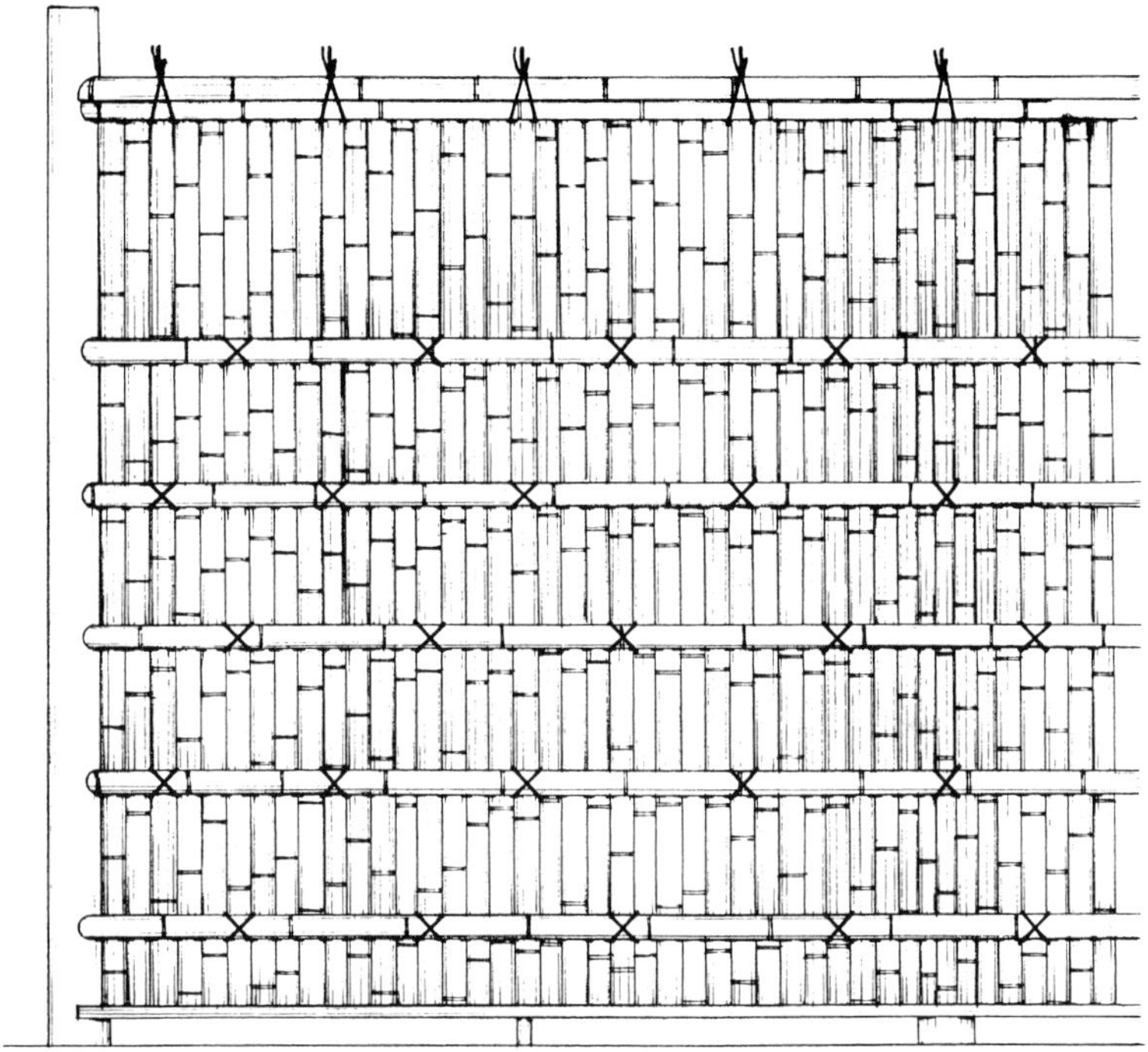

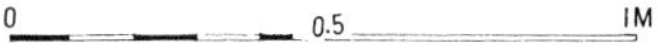

正面立面図

建仁寺垣（一重構造図）

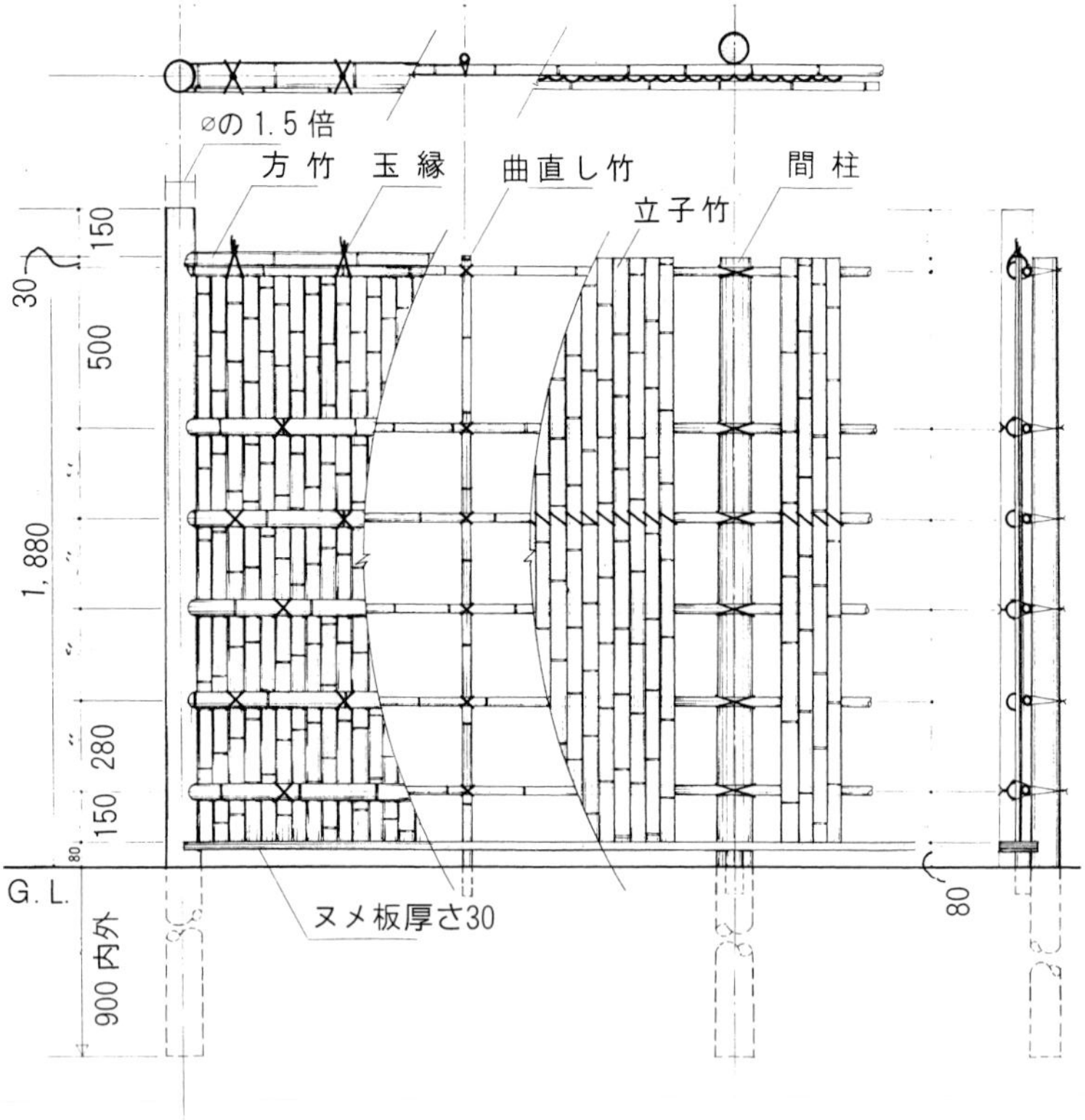

建仁寺垣一重の構造図

建仁寺垣（ふりはなし合わせ）

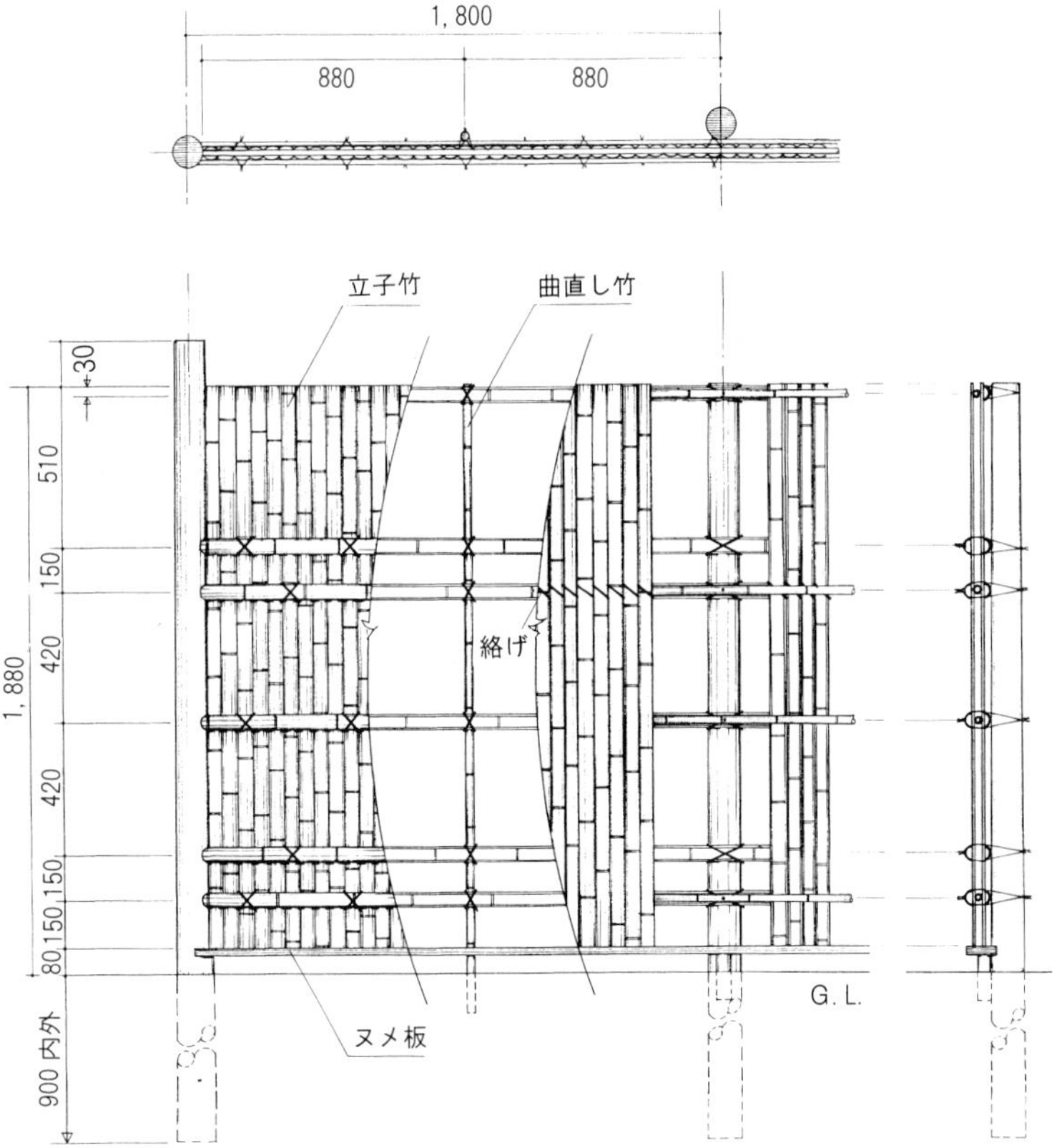

建仁寺垣ふりはなし合わせ側面図

笠木付き建仁寺垣
（袖垣）

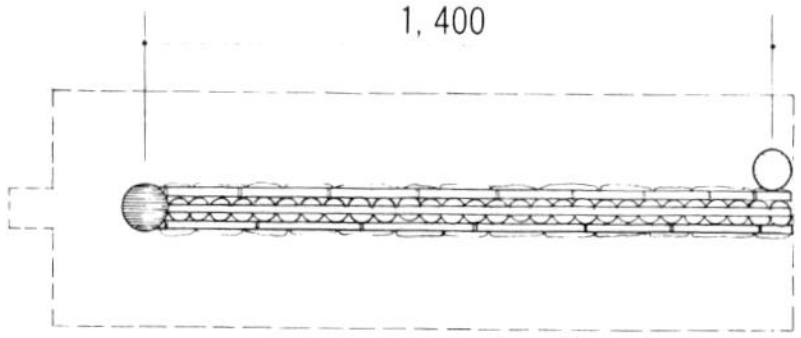

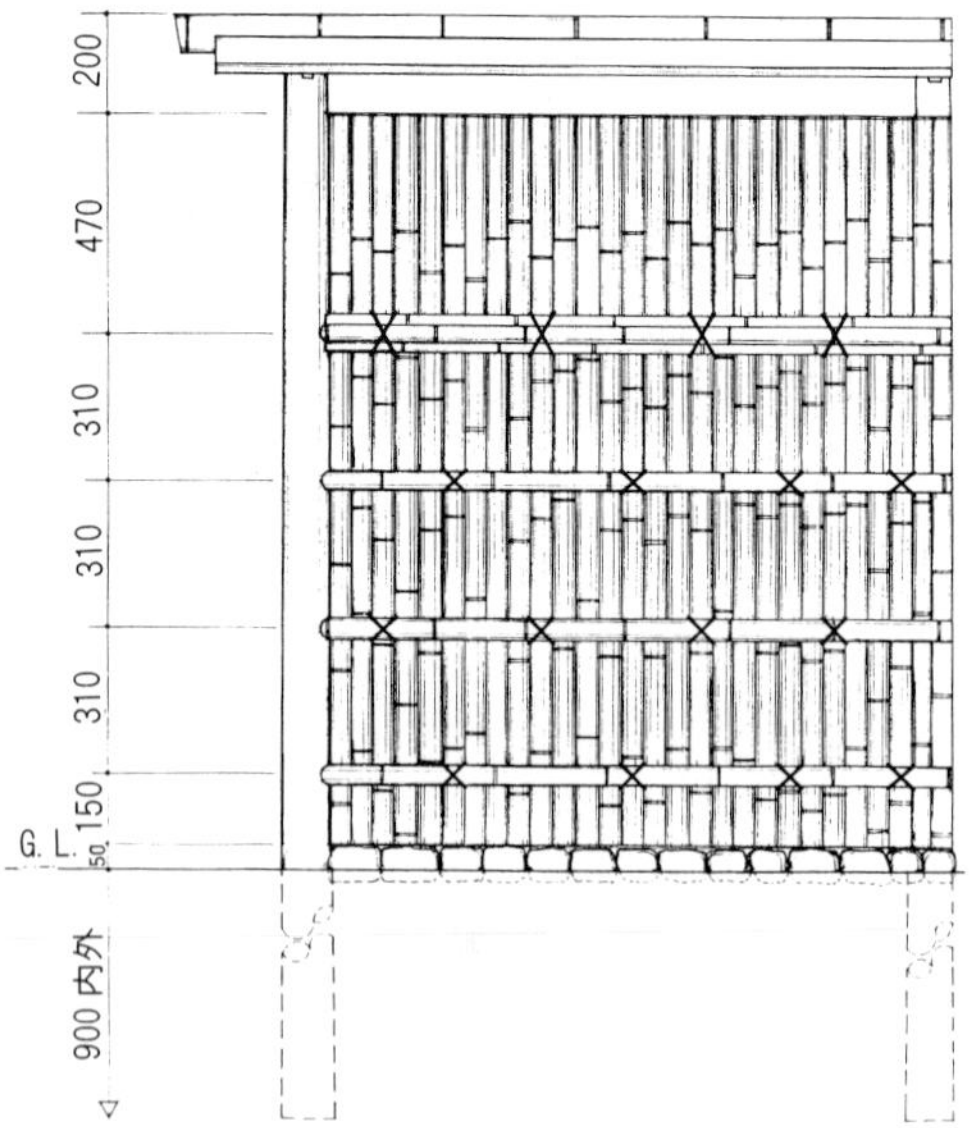

側面図

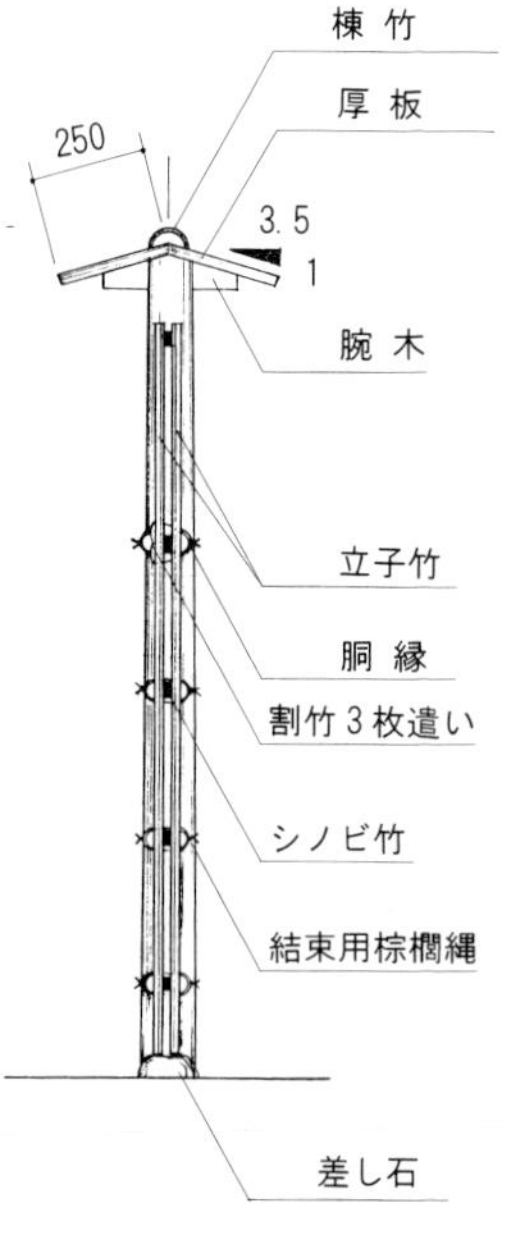

断面図

沼津垣をつくる

編む造形

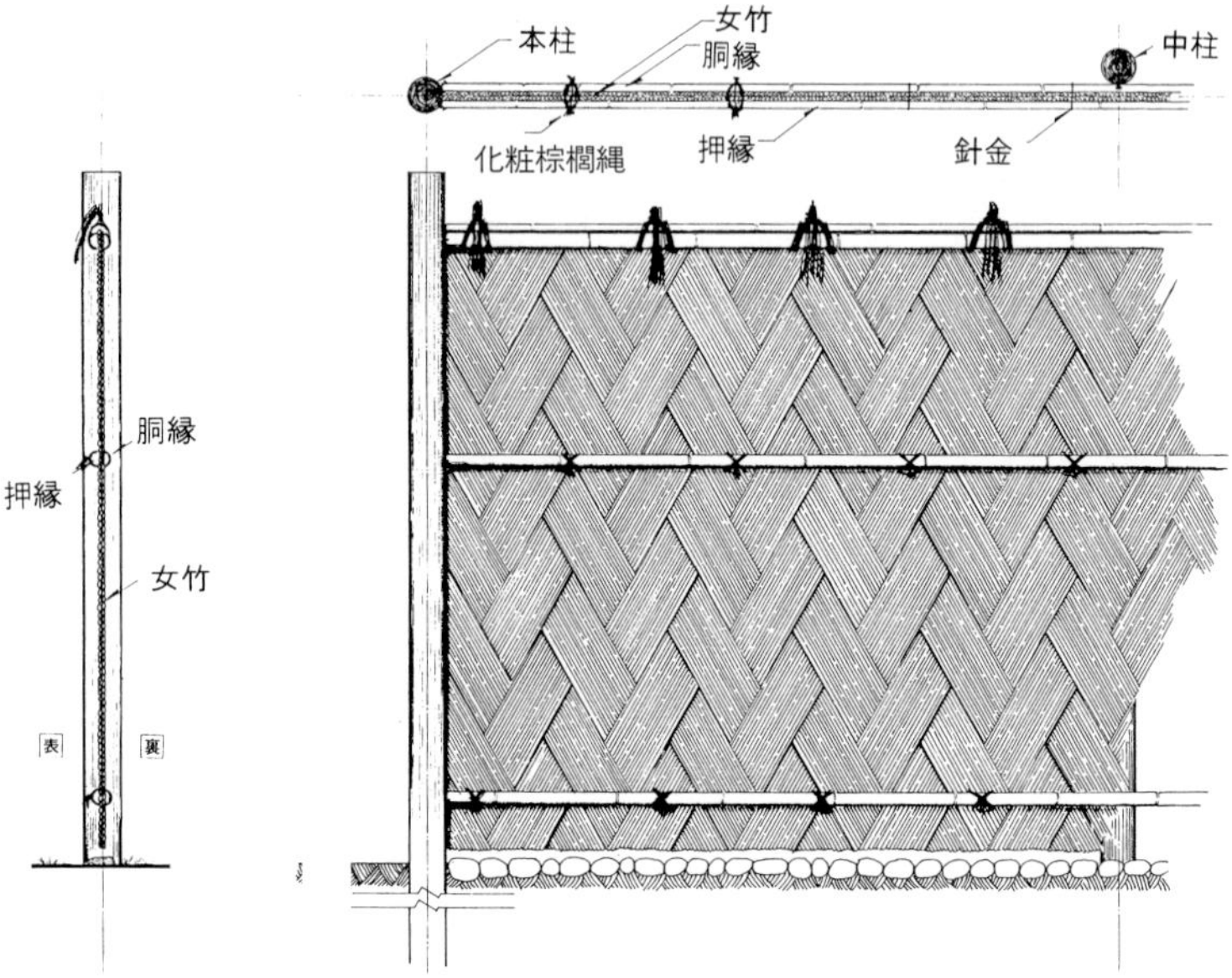

沼津垣の側面図

人の智慧と風土が垣を創る

静岡県の沼津は海に面し、塩分を含んだ季節風が海から強く吹き、農作物や建物への被害は大きかった。漁師が採ってきたイワシ・アジを天日干しにした「開き」は沼津の名産品としても有名。その干物づくりをするにも風除けが必要だった。そこで生活の知恵として生まれたのが沼津垣。

素材は、伊豆の山中に自生する女竹(篠竹・矢竹とも呼ぶ)。建築の土壁に使用する小舞竹として出荷するのを先人が見つけ、良材だけを選んで編んだと伝えている。また素材を割竹・ヘギ竹・ヘギ板・杉皮に代えて編んだものを網代垣と呼んだそうだが、材料の産地は問わないらしい。

沼津垣をメジャーな竹垣に高めたのは江戸時代の石組と垣根の紹介書だった籬島軒秋里著『石組園生八重垣伝』だが未来に引き継がねばならぬ垣の一つだ。指導は佐野廣氏。

以下、口絵は『庭』別冊⑦《垣根の庭》より転載

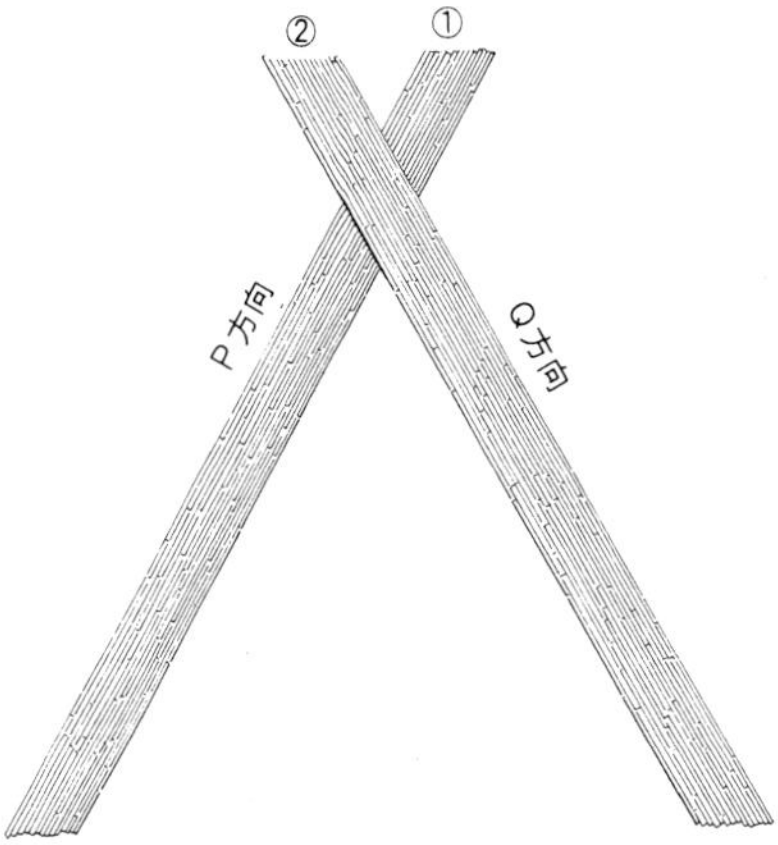

一手(竹14本～18本)ずつ、垣根の高さに合った定規の上に置く。
Pは奇数方向、Qは偶数方向を示す

③④の順で竹がバラつかないように順々に上にのせる

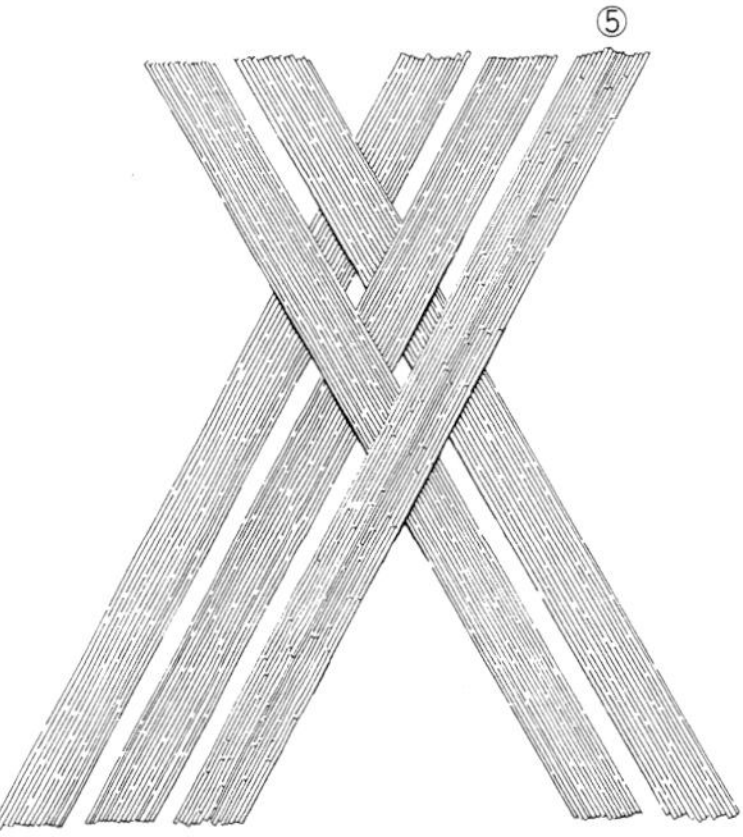

前の手順の繰り返しで⑤までのせる

下づくり――水に湿した籾殻で磨く

下づくり――丁寧に竹のサヤ(皮)を払う

バラつきに気をつけて一手ずつ扱う

定規の上に置いた篠竹。一手の竹は根元と末を半数ずつ束ねる

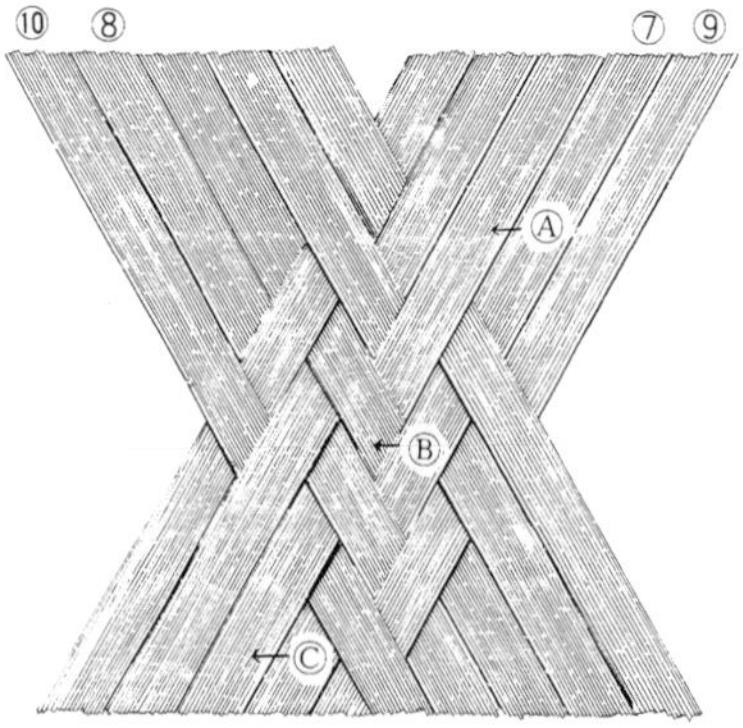

⑩まで編んだら編目を整える。P方向の竹は左へ、Q方向は左右へ寄せる。寄せるときはⒶⒷⒸの順で引き寄せる

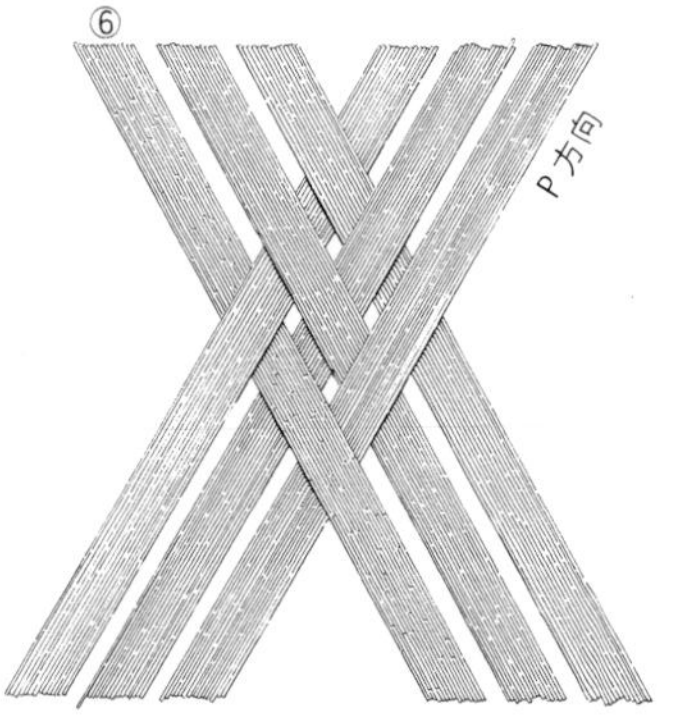

⑥以後は二手越しの編み方となる。⑥はただ重ねるのではなく、P方向の三手のうち、一手の下をくぐらせる

手で引き寄せられないときは、金づちで(尖ったほう)2本を引き寄せる

二手越しになると足で竹を押さえながら作業をする

良い曲げ口の例

直線にならず、デコボコした悪い曲げ口の例

縁の部分の竹を曲げるときは、鋏で軽く切り口を開ける

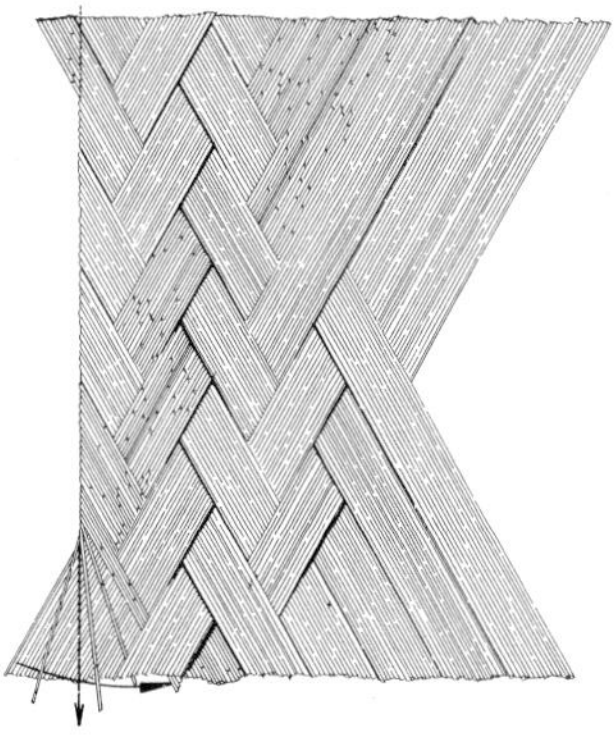

編み口が緩まないように裏返しにして、前と同じように点線に沿って曲げる。曲げにくい左上の点線から左部分は切り落とす

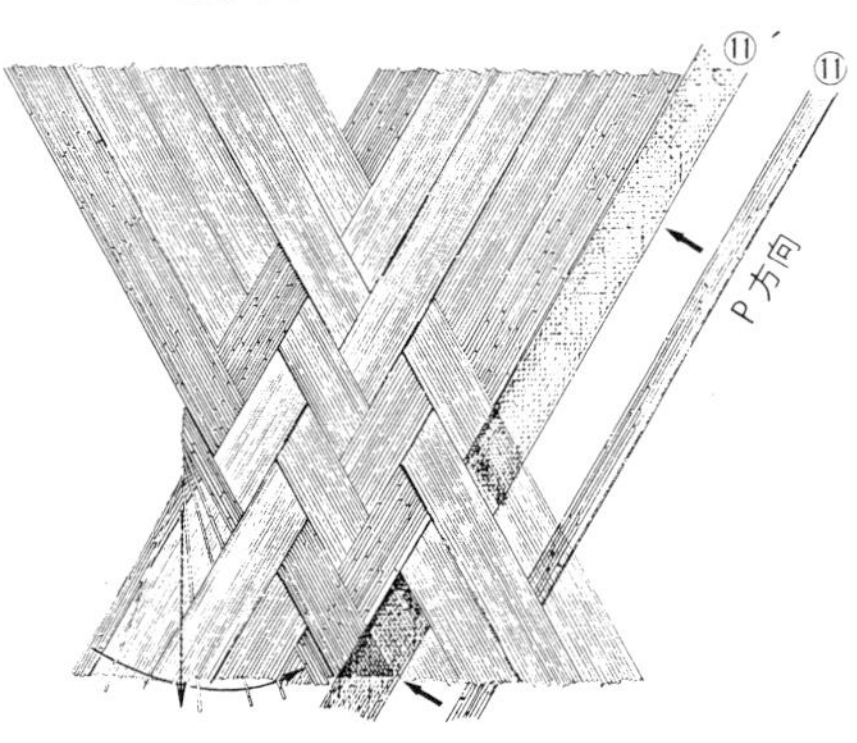

⑪は一束7、8本でよい。⑪の位置に編みつけたら交差する手のうち、2ヵ所ほどで、2、3本ずつ針金で固定。次にP方向に1番左側の竹を点線に沿って鋏で曲げる

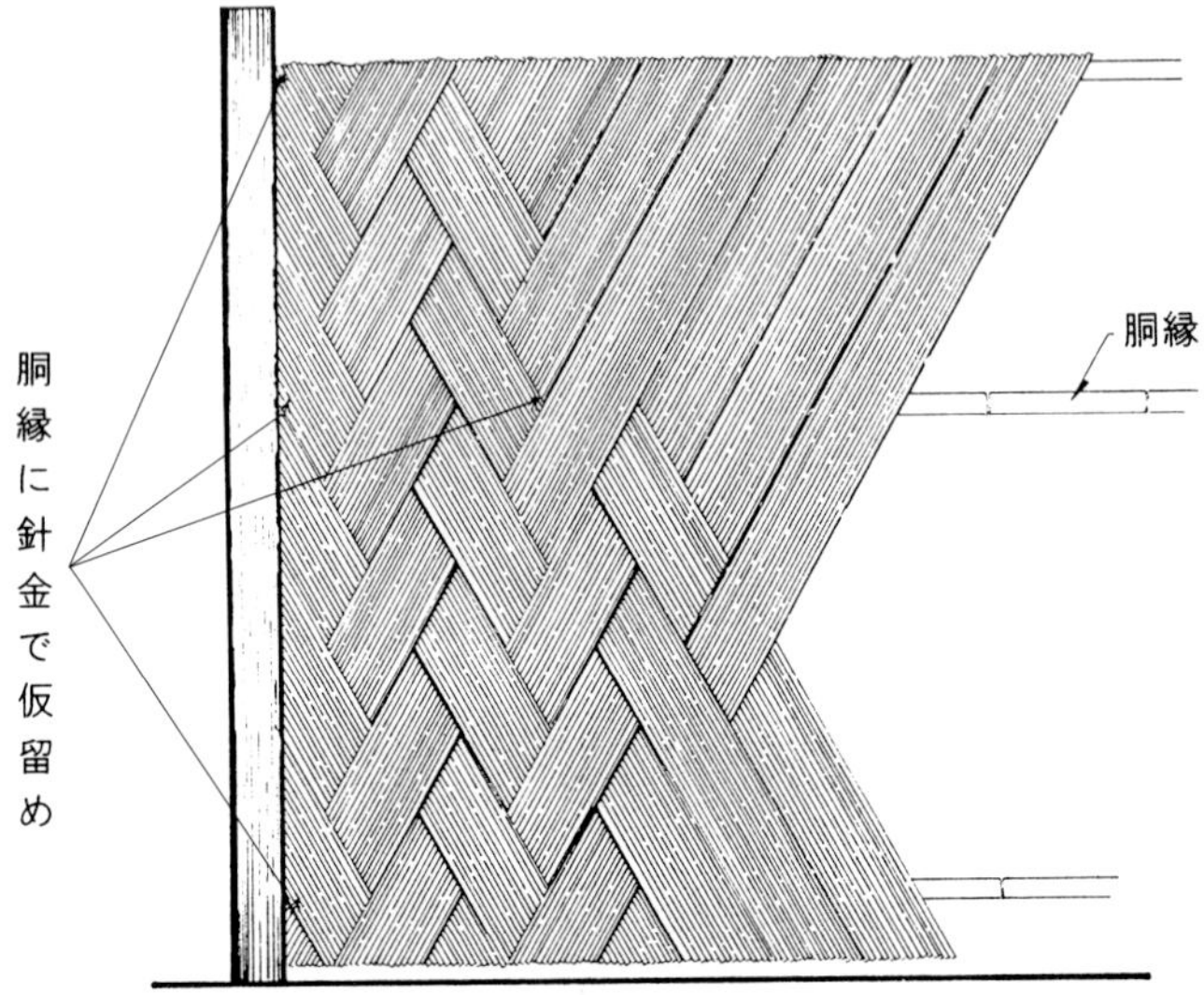

編み口を柱、胴縁に針金で仮留めする

編み口を胴縁に取り付ける

縁が不揃いとなった切り口の失敗例

重なって綾になった竹は金づちで直す

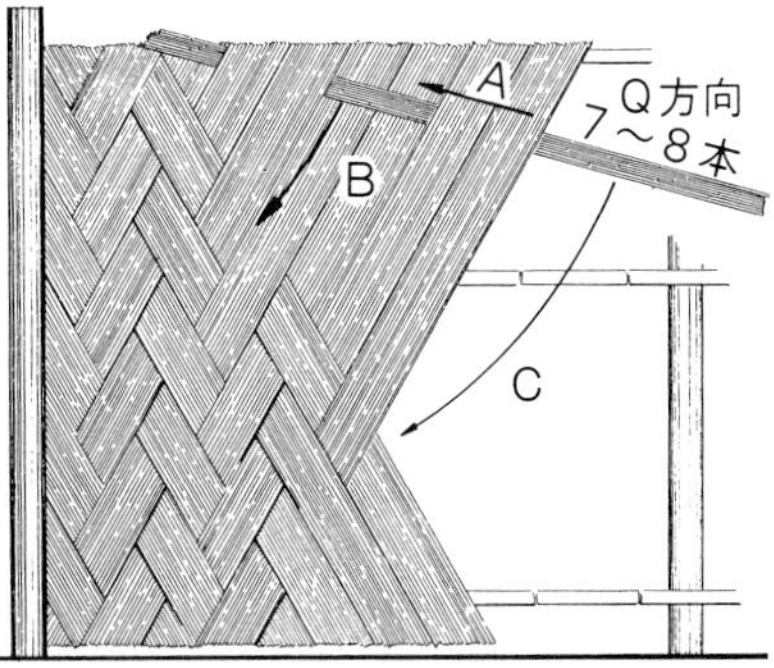

Q方向の手はAのようになるべく水平に差し込む。二手越しにするためにも、7、8本ずつ扱うのがいい。先は垣より高く出し、次にBCの順番に編目を寄せる（左写真参照）

上から差し込んだ竹は体重を利用しながら引き寄せ、右膝は一つ手前の編み手を押さえる

編みおさめは二手越しの編み目が上下、または下上になったところで行う。曲げるときは柱より長めに出た場所で点線に沿って行う

差し込んだら下から順に持ち上げて、編み目を寄せる

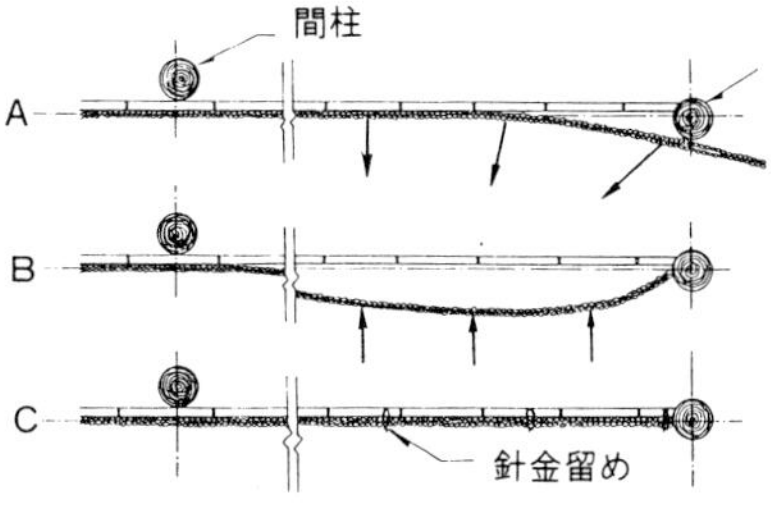

編みおさめを平面図で説明。A＝本柱に近い仮留めを3、4ヵ所はずし、矢印方向へ竹を胴縁からはずす。B＝編みおさめを本柱にはめ込み、胴縁に押しつける。C＝針金で本留めをする

沼津御用邸記念公園内の沼津垣＝鈴木直衛作品＝

竹と金属を用いて進化した沼津垣＝鈴木直衛作品＝

垣の考え方とデザイン集

岸村庭園設計室　岸村茂雄

垣との出合い

部落は、何時からそこに灰いろでいたのだろう。

哮《たけ》る海風に吹かれた、廃屋の吹きだまりであった。猫の子ひとつ見かけない部落の中で、飛交うごめが猫の声でないた。

地名をあげるのはそこを故郷とした人々にはばかるから、暗灰色の海岸線に連った岸壁の裾を、暗い灰色によごれた高波が荒々しく刻んで、その岩層の影に貝殻のように取りついていた裏日本のある聚落といっておこう。

――そのとき十九才の学生だった僕は、出征前のひとときを旅にのめり込んで過していた。あの夏の旅情は、たとえば、一連のスライドフイルムを視線がたどって行くように鮮明な天然色の連鎖ではあったが、その聚落を通過した時の、一齣だけが、灰色のネガとなって心に張りついて残った。そこには、冬のように落莫として色がなかった。

旅が終って帰省してから、スケッチブックの素描に淡彩をほどこし整理していた時に、そうか、と思った。その聚落には、旅人を詩情に包む道わきの生垣と塀と、石垣や築地塀が全くなく、それが落莫の原因であったのだ。その旅で見た北陸の街が、武家屋敷の長土塀や、百年を経た町家や商家の家並みで伝統ある落着きを持っていただけに、その対照は強烈であった。たとえ家並みは貧しくとも、塀と垣とである程度に整っていたのなら、その聚落もある雰囲気は持ったことだろうに。

モンゴル平原に放牧された羊は、酷暑の日

にはおたがい寄添って影を作りあい、また、極寒の日には集団の外周を入れ変りながら鋭い風から身を守り合うという。海沿いの聚落も、モンゴルの羊のような生存の原始の姿でそこにあったのだろうか。

「垣」とは、外敵の防禦・防風・防火などの住宅の防護や、防砂・防音としての実用的な存在よりも、俗世の中に美しさを創造する要素としての「垣」との対話を、僕はそのとき以降始めたのである。

結界との出合い

僕が結界という言葉をはじめて耳にしたのは、「女人結界」であり、あれは十代のなかばだったろうか、埼玉県秩父の奥の太陽寺という山岳寺の寺僧からであった。その頃の僕は、家と学校とを嫌い、旅に魅せられ山に憑かれていたから、奥秩父山系にとりつく途中にあるこの寺もよく通り抜けた。山霧が何時も境内をとざしているこの寺に泊めてもらったこともあったが、この頃の資料は今は手元に全くないので、この寺の標高も由来も晴れることのない記憶の霧にとざされたままである。寺院境内の入口には、その頃に学校の漢文の時間に教わった「不許葷酒入山門」の文字の刻まれた石柱があり、その側の立札には「女人高野」と書かれてあった。

女人高野——この意味を寺僧に聞いたら、密教寺院の境内は女人結界つまり女人禁制で、この寺の本山である高野山にしても女人は境内に入ることは許されず、境内の外に女人堂が設けられ、参詣の女はここに参籠して読経念仏するのであるが、この太陽寺は女人も参詣できるので、特に女人高野という、と教えてくれた。好きな人が出来て二人が一体となって生きて行くにしても、このような世間の差別の結界が二人の身をはがすのだろうか、と、この話は少年の心に深く残った。

——そういえば、昔、こんなことがあった。昔は、といっても僕たちの年代が小学校に入った頃のことであるから、五十年というひと昔前のことである。その頃は団体で神社に参拝するという行事が多く、全校生でということも少なくはなかった。そんな時に、鳥居から内に入れない児童がいた。親や兄弟など親等(しんとう)の濃い死に立合った子であった。列から消えるように去って行くと、鳥居の側でうなだれて立っている。その子にとって、神社の鳥居は厳然として行手を阻む大きな結界であったのに違いない。僕も一緒に立ったことがある。しかし、その頃に親戚にも死んでいる者がいない。恐らくその子に同情して立ったのに違いない。大鳥居の石が冷たかった。

垣は紙、木石は絵具

垣は紙であり、木石が絵具だ。——かつて、庭師はそういったそうである。紙質をしっかりと鑑定せずに、墨や絵具を矢鱈滅法使っても品格ある絵は生まれない。と同様に、庭木庭石を無闇に敷地内に持込んでみても、背景である垣(紙)が整っていなかったなら、庭はごてごてするばかりだ。まず、垣を整えよ、それから節度と緊張感を持って少数の木石を配置せよ、というのである。

故人の室生犀星氏も、庭つくりの究極は垣や塀のデザインである、といいきっているが、龍安寺油築地塀内の十五個の石で構成された庭、大徳寺方丈東庭の低い刈込垣の前の大小十五個の石庭など、垣をはずしてはこれらの庭が成立しない。

「垣」と木石との関係は、服飾でいう地色と模様の関係のようなもので、地色が垣であり、模様が木石だ、ということも出来る。

外垣と内垣

「垣」は限(かぎる)という言葉から出ると考えられている。

古墳のまわりに石垣をめぐらしていた時代にまで溯らずとも、竹や枝や柴《しば》などで垣を作っていた以前は、何であったろうか。古事記にある（八雲たつ　出雲八重垣　つまごみに八重垣つくる　その八重垣を）の、その八重垣とはどのような垣をいったのだろう。

（つまごみに）は、「妻籠みに」で男女が一緒にひそみ囲まれる状態であるから、この八重垣とは後世の「石組園生八重垣伝」にあるような、住宅をとり囲む垣ではなく、いとけない男女の寝所をくぎる垂れ布と解釈しないと、この歌の情感は出てこない。事実、この時代には（きぬがき）といって、幕で室内をくぎることが行われていた。ずっと後世の小袖幕とは、花見の時などその場所に縄をめぐらして、それにぬいだ小袖を掛けて外と隔てたことをいっているから、袖垣という言葉も、そのようなところから出てきたのだろう。このように考える時、一番に気づくことは容易に越えやすい仕切りであり、常に向う側を意識していたということであり、しかも、越えてはならない心の約束がそこにある。わたし達が庭に垣を設計する時に、この意味は大きい。現代風にいえば「垣」はフェンスであり、「塀」はウォールとも考えられようが、しかし、日本の垣は「結界」としての意味があり、結界の心を知ることが日本の垣のデザインの要諦でもある。外垣としての「塀」の発生は、内垣よりずっと後で主に目かくし用として生まれたと見てよかろう。塀と垣の種類をあげたら際限はない。塀は建築家が、垣は造園家が施工するものと分けることには同意しかねるが美しい「結界」の作者だけはどうしても造園家の分野だ、と、胸を張って主張したいものである。

結界の詩《うた》

西陽にぬくもった壁の向うからあの唄をきいたのは、十才にまだ遠い年頃だったろう。豆もやしのようなその頃の僕は、三ヶ月に一度位は極度に胃腸を痛めて、物らしいものを食べずに一週間は伏すということを、何年も繰り返していた。その病床にあの唄はきこえた。

ここは　どこの細道じゃ
天神さまの　細道じゃ

心に元気が出たら起きあがって行って、障子を一直線に引いてその唄をききたい、白く透けた掌を夕陽にかざしてもみたい、そう思うのだが、腰はすぐにくだけてしまうのだ。

眼をうすく閉じて唄をきいていると、天神の杜とそこに通ずる小路が浮んでくる。病める土梟《ふくろう》の泣くその道は、周囲にはいささかの景色もない黒い闇の中を這う一本の縄のようでもある。

どうか　通して下しゃんせ

細い哀しい声を追いかけて、年上の子の太い声がかぶさる。

御用のない者　通しゃせぬ

通ってはいけない所なのだろうか。道があるのにどうして通っていけないのかと、子供にもわかる不条理がそこにある。

この子の　七つのお祝いに
お札を　おさめにまいります

親としては、子供のためにどうしても通らなければならない結界なのだ。たとえ親の命が失われようと、子供だけは通さなければ。

行きはよいよい　帰りは怖い
怖いながらも 通りゃんせ 通りゃんせ

夕陽が落ちて裸電球の街路灯がまたたきはじめると、あばよ、あばよ、と子供らはそれぞれの親の元に去り、子供らを見つめていた夕暮れも闇の底に帰って行く。

この唄の哀しさは、願い　→拒否　→再度の願い　→条件つきの容認、にある。願い　→直ちに容認　では、哀しさが漂わない。結界を置くことによって、その先が無限に深く遠く見えて哀しい風情を漂わす。結界は、近距離の空間である「ここ」を、遠く離れた、「あそこ」に変える。これを知ることが、垣つくりの要諦である。

それにしても、作庭者は、結界のかなたの末に、何を見て歩き続けたらよいだろうか。

『庭』別冊⑦《垣根と庭》(昭和五十三年発行)より

生活を取巻く結界——吹き寄せ中あき

結界―手元にある辞書をひくと、①僧の衣食住について一定の限界を定めること。主として一定地区内に乞食修行し、又は戒場を設けるもの。②密教の修法などの時、魔障の侵入を防ぐために境界を設けた壇・堂舎・地域など。③一定の地区を区画し制限すること。④仏前の内陣と外陣、僧の座席などの区分に用いる柵。⑤禁制。立ち入り禁止。―などとある。

戒壇石・下乗石・車止の立札・門と塀、そしてその付属物・垣・障子・襖・板戸から幔幕のれんや盛り塩に至るまで、生活を取巻く結界はまことに多い。

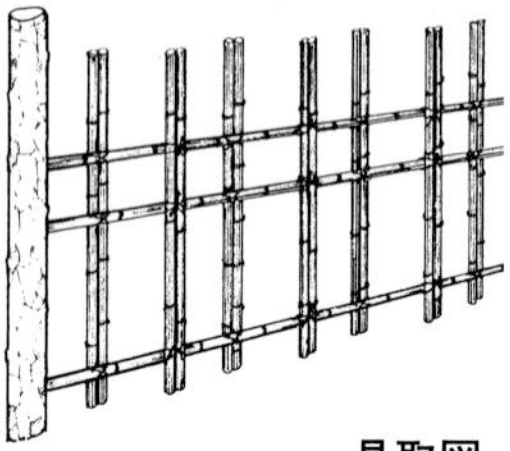
見取図

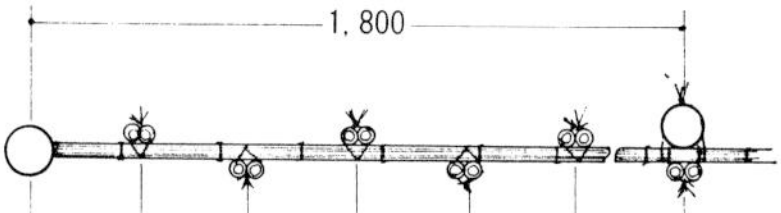

平面図

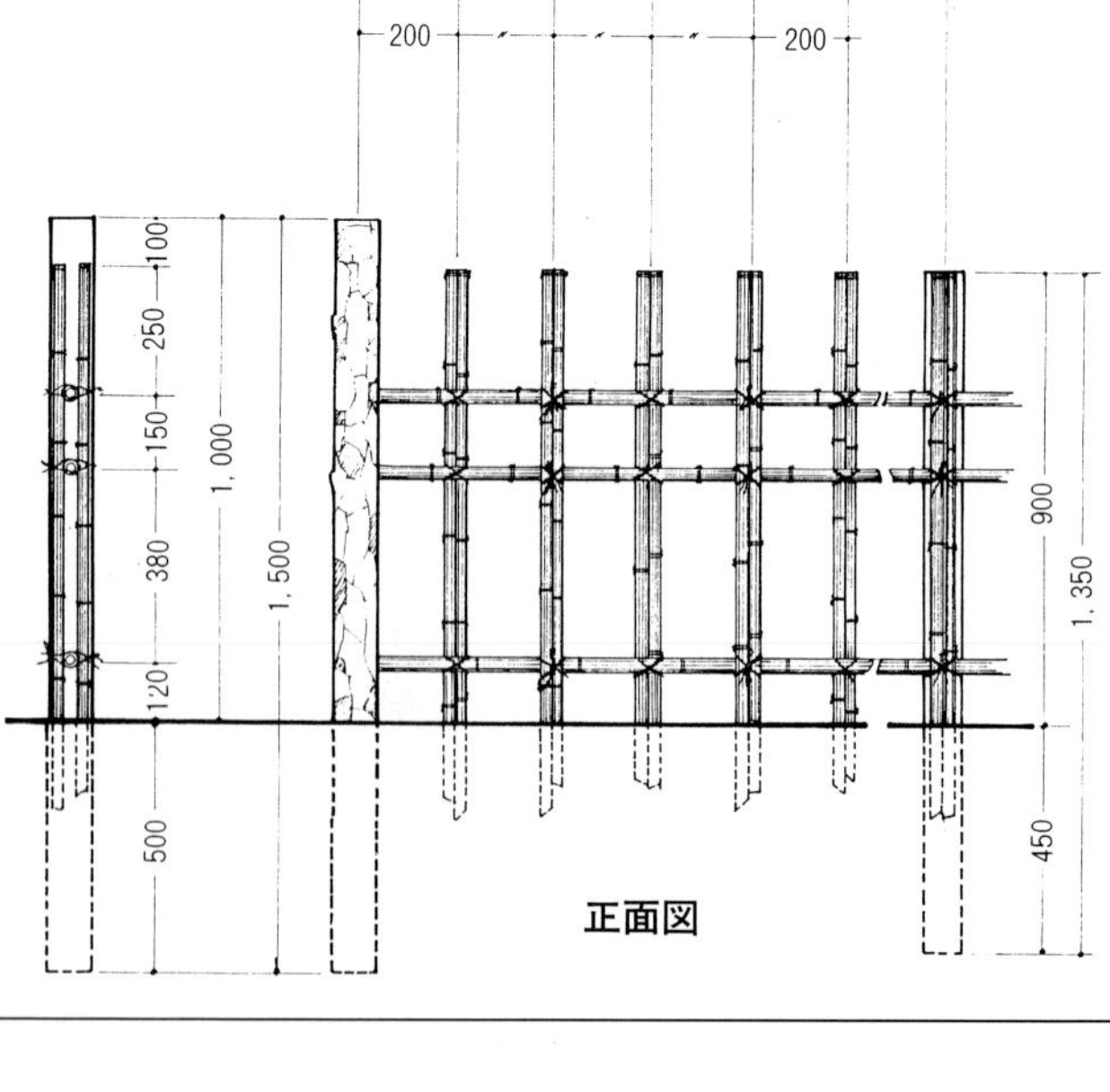

正面図

愛と勇気の生垣——結籠四ッ目垣

生垣をつくる場合に、苗木が生育して一定の大きさになるまで保護する下地垣が必要となる。つくり方は前記の四ッ目垣の要領だが、立子の間隔は、樹種によって按配する。丸太を立てたら植込む地盤を耕耘するのはいうまでもない。むかしにくらべると生垣は急速に減ってブロック塀がこれに変わったが、便利さばかりを追ってよいものだろうか。

生垣を愛するには勇気がいる。剪定整枝・害虫駆除・施肥・雪囲いの手数がいる。排気ガス問題に取り組む必要も出るだろうし、場合によっては道路舗装にも反対しなければならない。雨水を十分に大地にしみこませるために。

目、耳、手に伝わる緑のさわやかさ。赤い実、青い実、黒い実、黄色い実、青い棘、花々の香り、生垣を訪れる虫や小鳥―カブト虫をゼンマイ仕掛けと思って分解しようとした子供がいなくなるのは確かです。

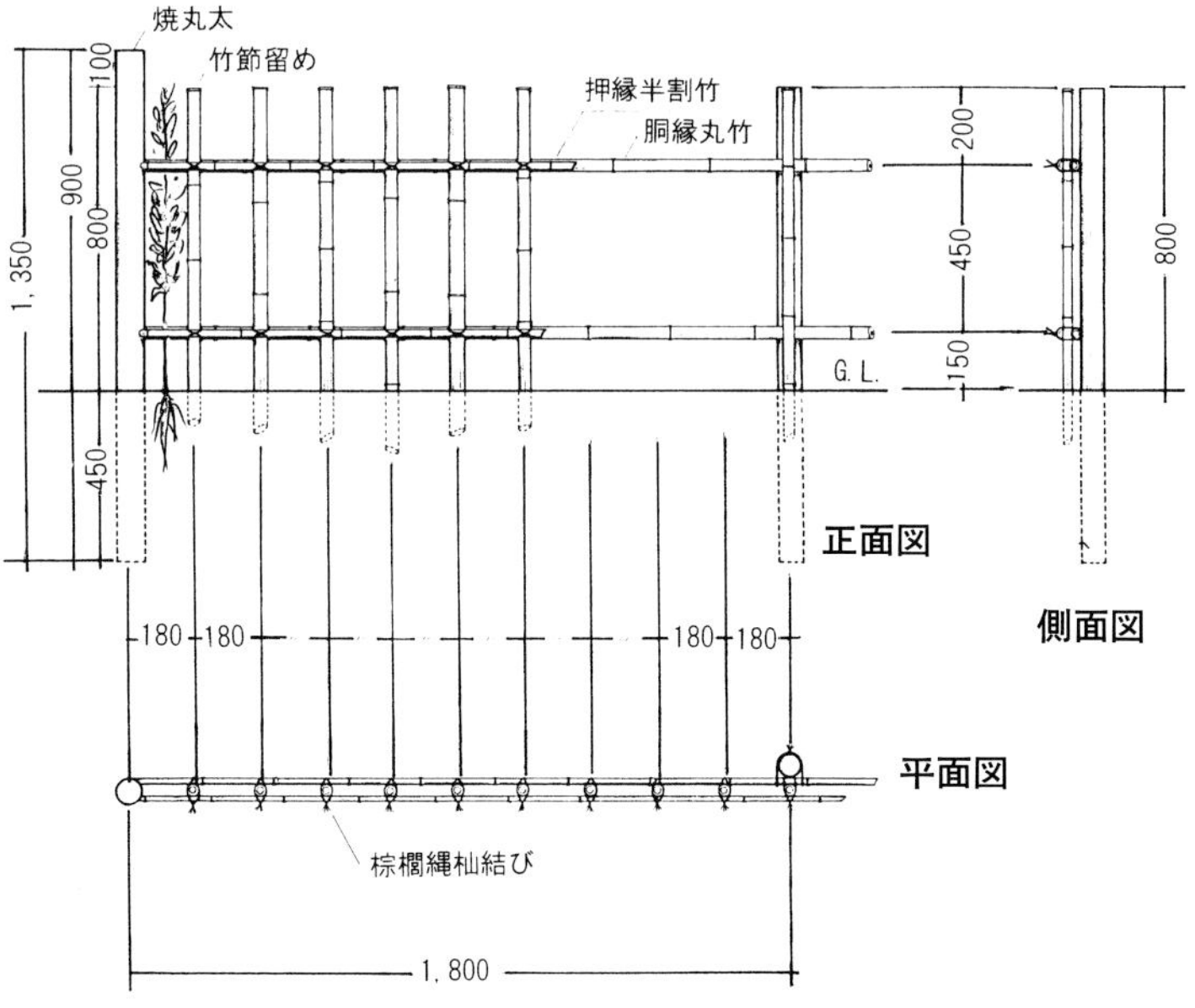

粋で軽やか——江戸風四ッ目垣

一番上の胴縁から立子の天端までの間を刈穂と呼ぶが、四ッ目垣によらず建仁寺垣によらず、刈穂の寸法の取り方が垣の美を左右することが多い。江戸風四ッ目垣の特色は、刈穂を特別に長くしたことにある。軽やかな粋な味はあるが、どうしても弱いから実用を離れてあまり見られなくなった。雪の多い地方には不向きではあるが、室内庭園などにはその味を生かしたくなる。朝顔などをからませてみたくなる。

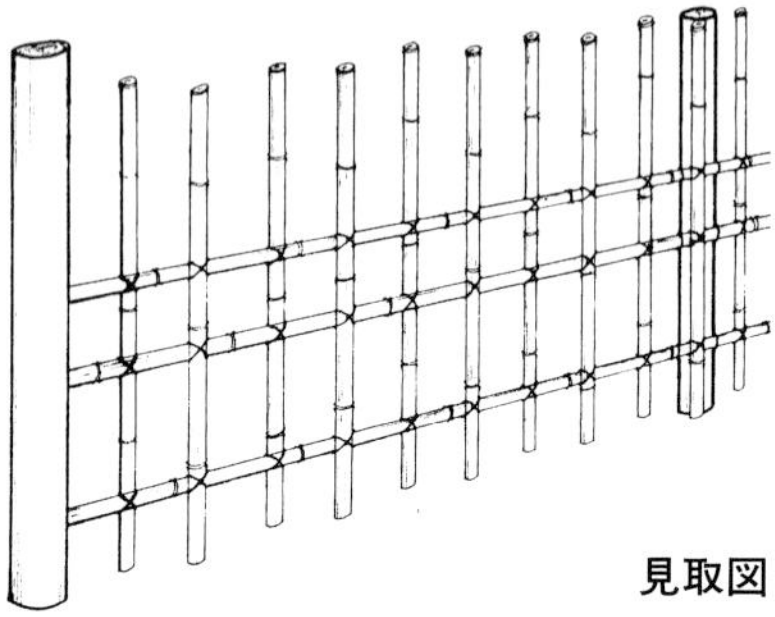

見取図

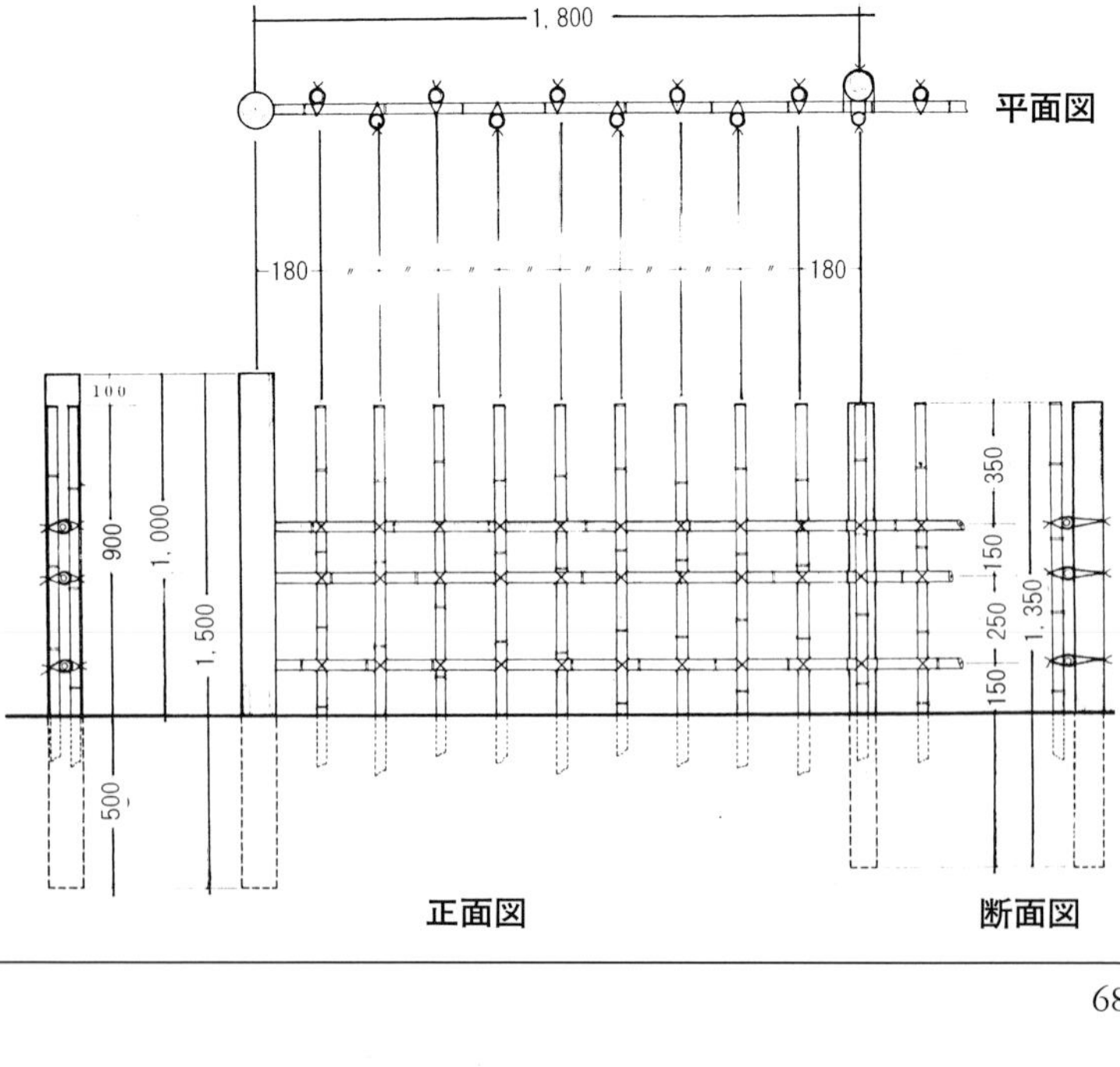

平面図

正面図

断面図

竹稈の美しさ——京風四ッ目垣

美しさは、節とその芽のころ、つまり、節峯とそこから出ている枝のところにあるといってよい。竹稈は、水を含んだ籾殻で節の部分を特に入念に磨く。四ッ目垣をつくる際、節峯の上の枝を立子の頭に残しておく。

鴫鳴くや　弓矢を捨てて　十五年―その去来の墓があった京都嵯峨野の落柿舎の、秋の落日の中に見た（草の四ッ目垣）に、この枝が生かされていたことが、昨日のことのように鮮明に印象にある。ずっと以前のことだ。今は、それがない。

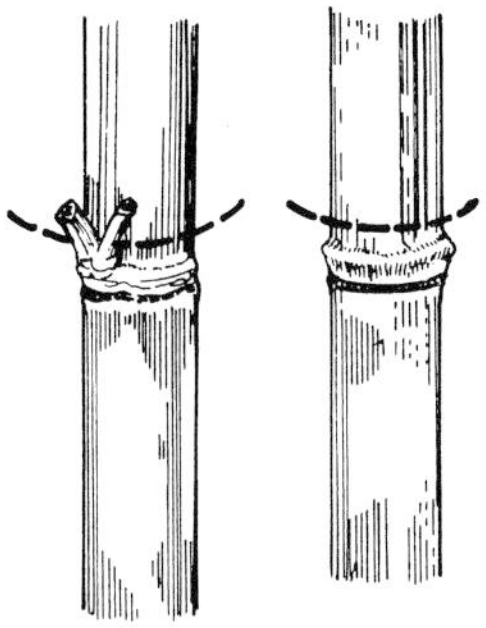

節留めは、節峯の上、6～7㎜を切るのが美しいようである。いかがだろうか

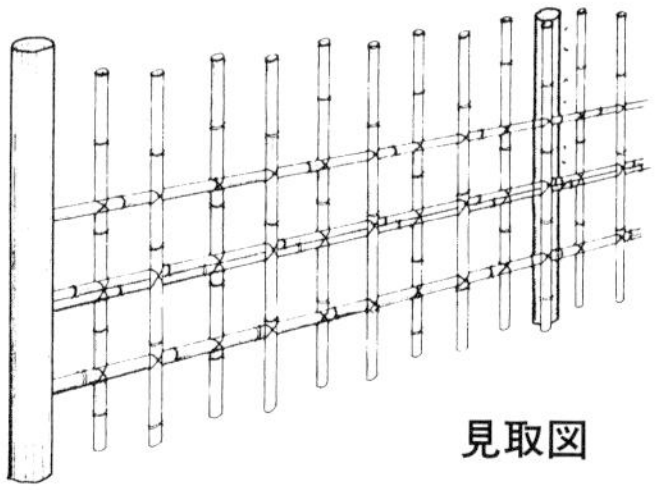

見取図

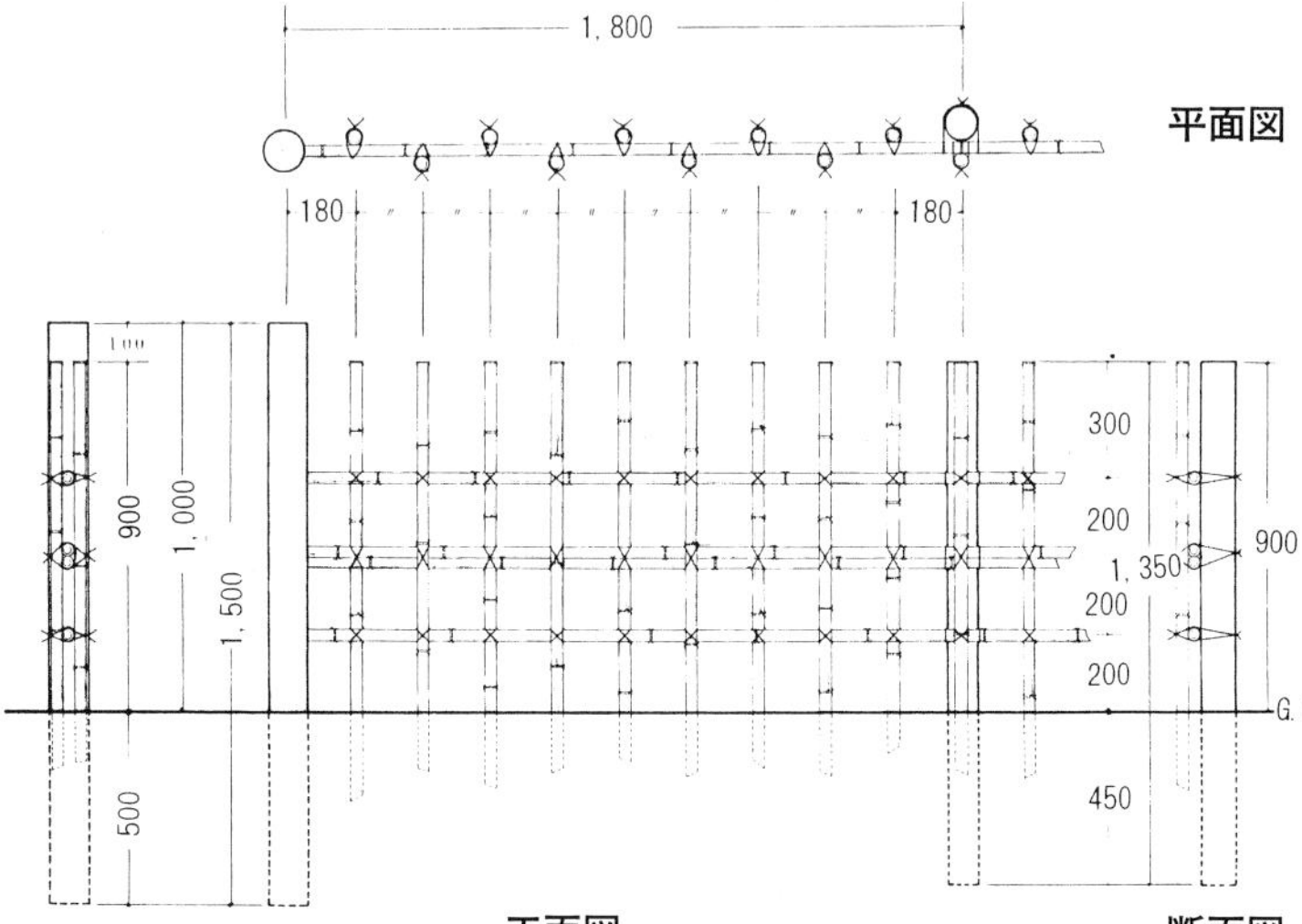

平面図

正面図

断面図

落着きを添える——金閣寺垣

金閣寺垣は、京都鹿苑寺夕佳亭の富士形手水鉢付近と、夕佳亭に上がる石段に沿って右側にある。垣の高さは七五センチメートル程であったろうか。下段の胴縁竹は図のように二本の吹き寄せではなく、太目の竹が一本か、太い半割り竹が使われている。どの地方につくっても、庭に落着きを添える良い竹垣だ。

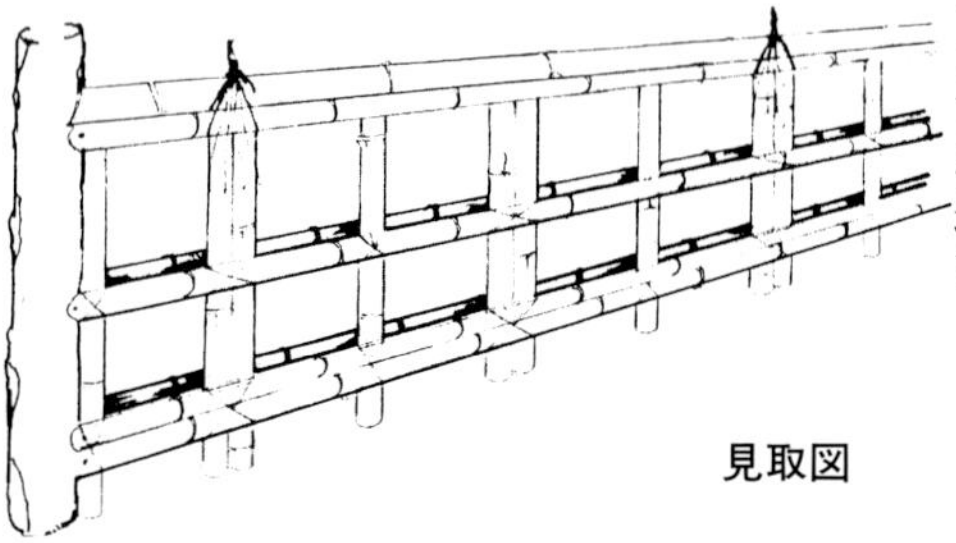

見取図

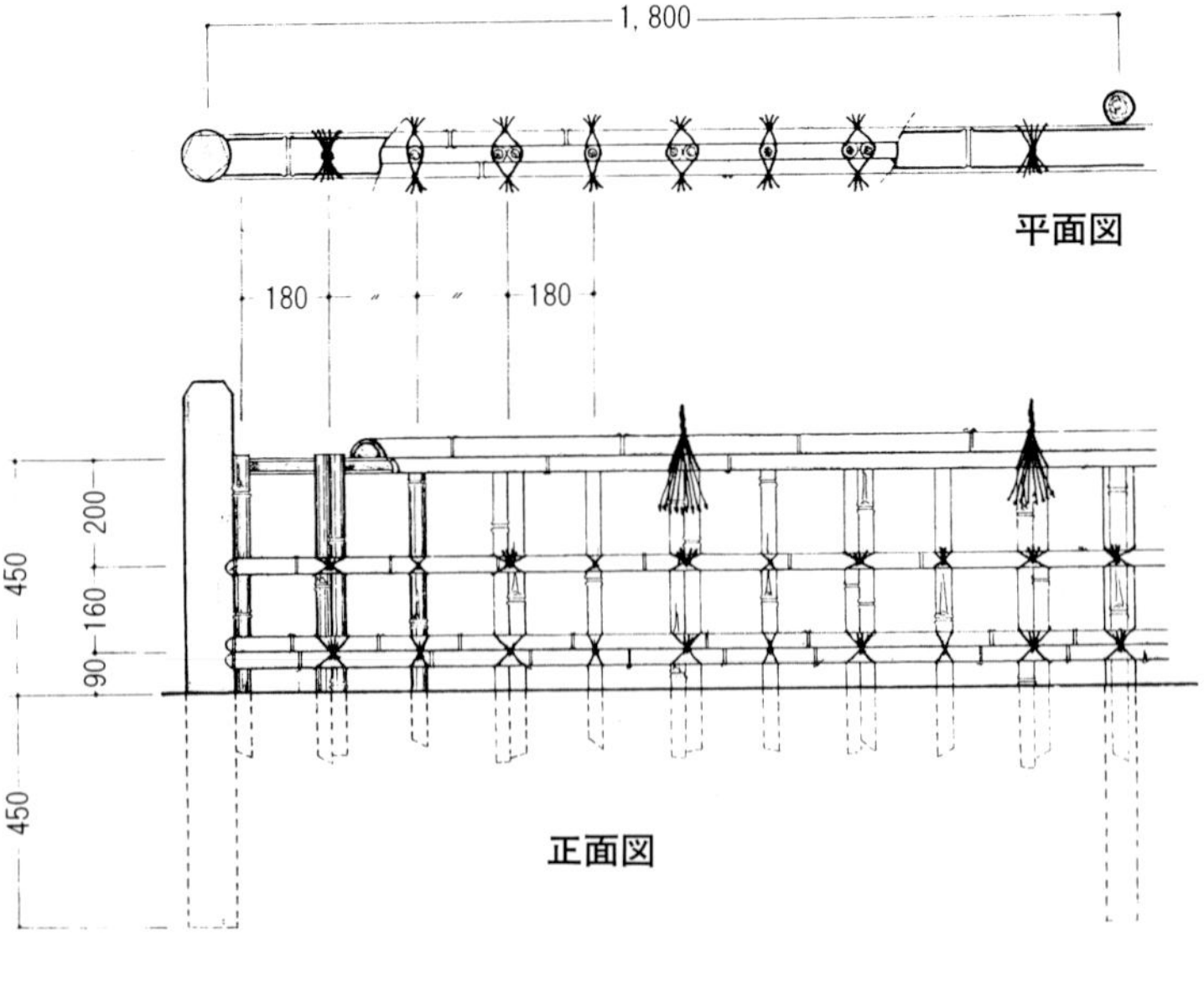

平面図

正面図

垣の姿に託す——崩し金閣寺垣

京都の本歌の竹垣を実測して、その寸法通りにし、竹稈も綺麗に洗い、切口を美しく非の打ち所ない垣に仕上げても、それは綺麗事であって美とはいえない。

綺麗事は、つくり方の理屈を覚えれば小手先芸で生まれるが、作庭の場に立ち、現場を睨み、かつて竹林をあかず眺めて心の中で浄化された観賞を、垣の姿に託したとき、美なる「垣」の生誕である。

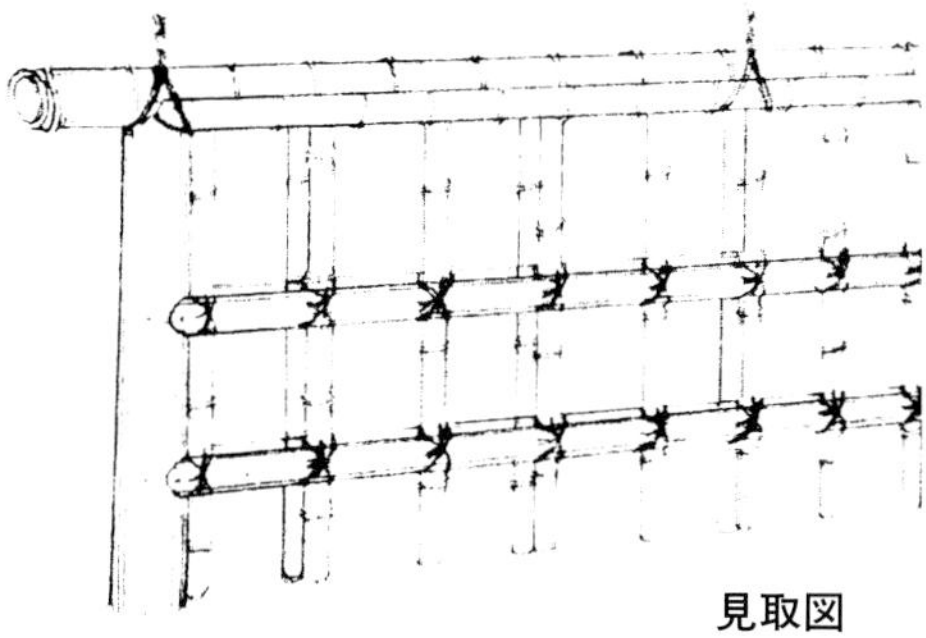

見取図

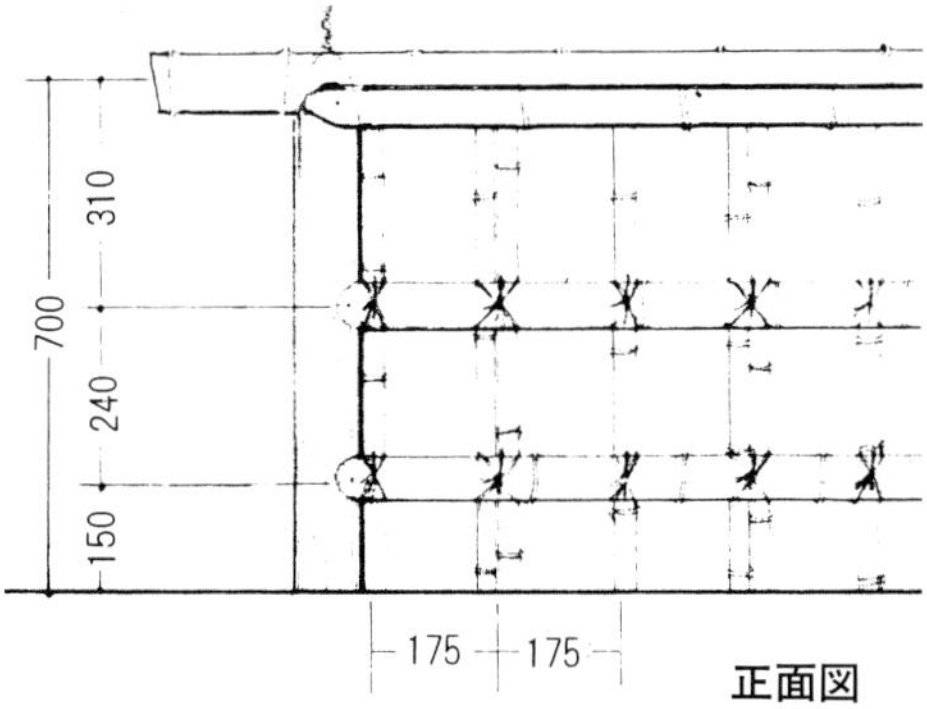

正面図

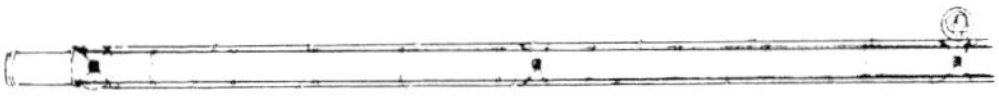

平面図

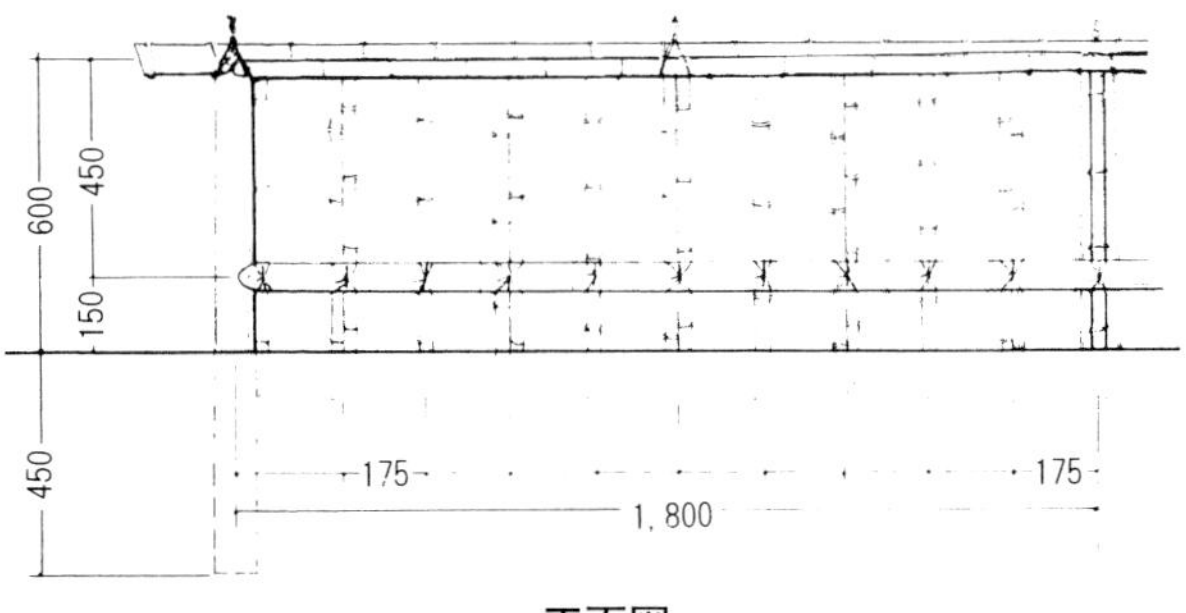

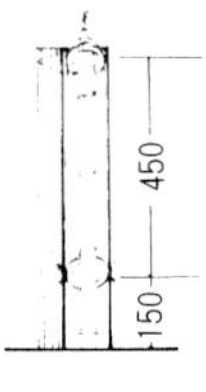

断面図

正面図

龍安寺垣

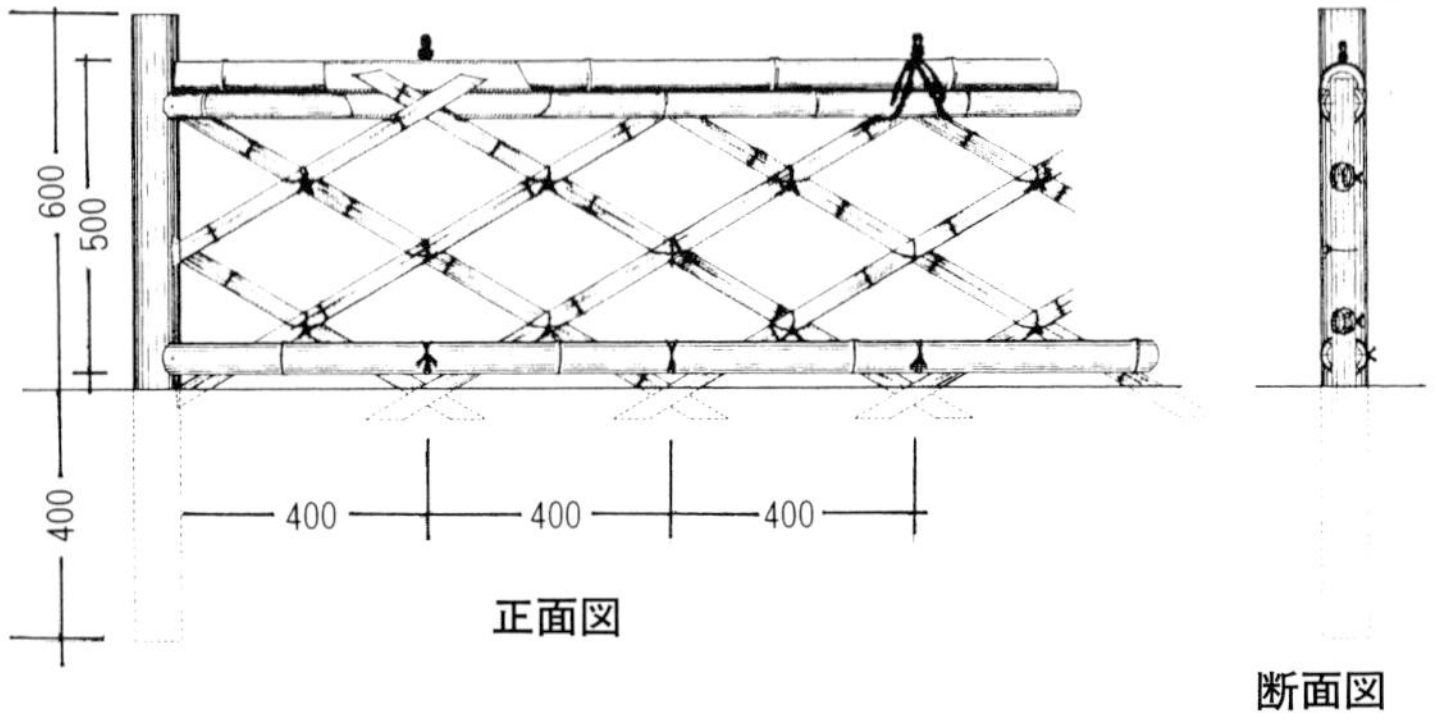
600
500
400
400
400
400
正面図
断面図

光悦寺垣

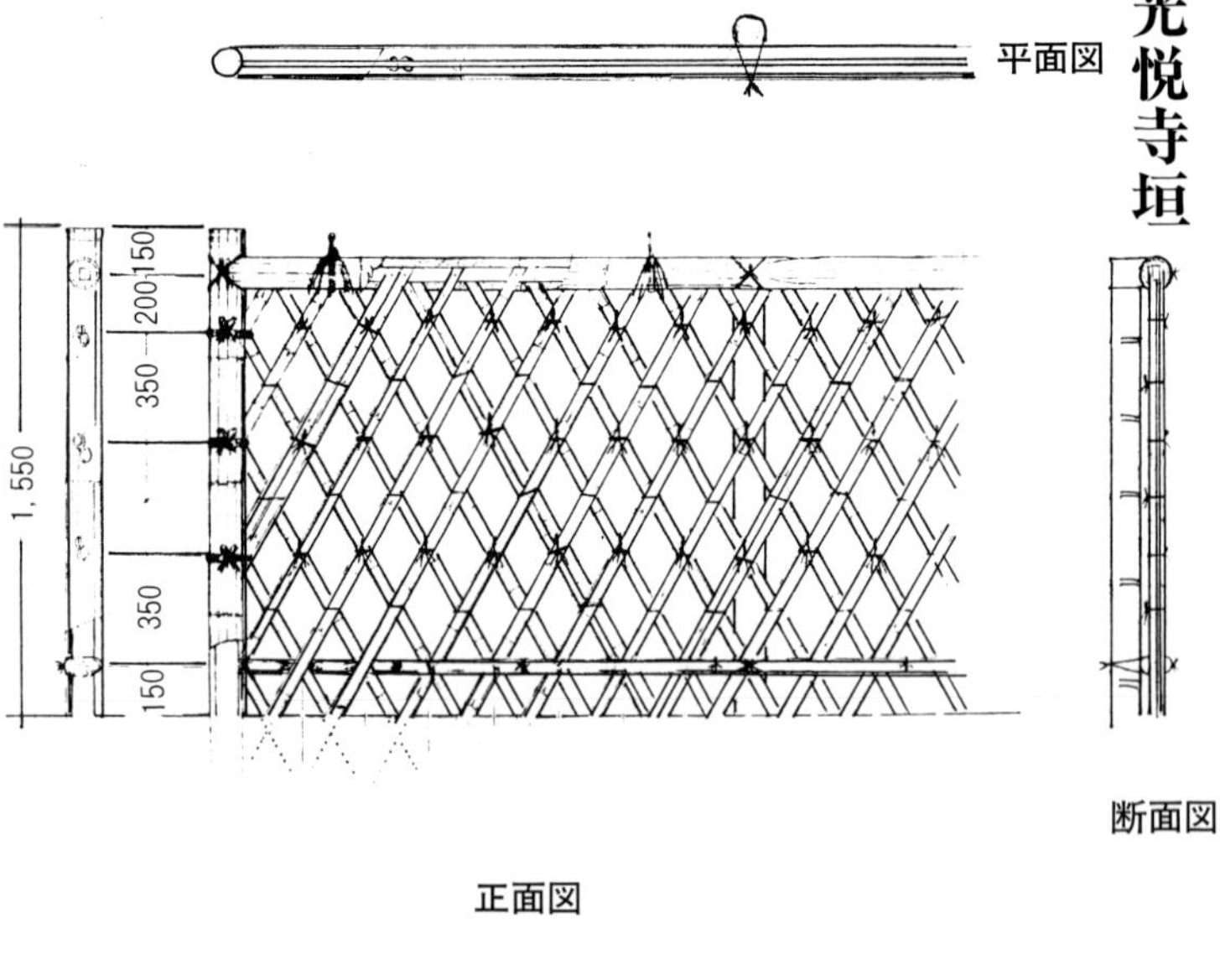
平面図
1, 550
150
200
350
350
150
断面図
正面図

なまこ垣

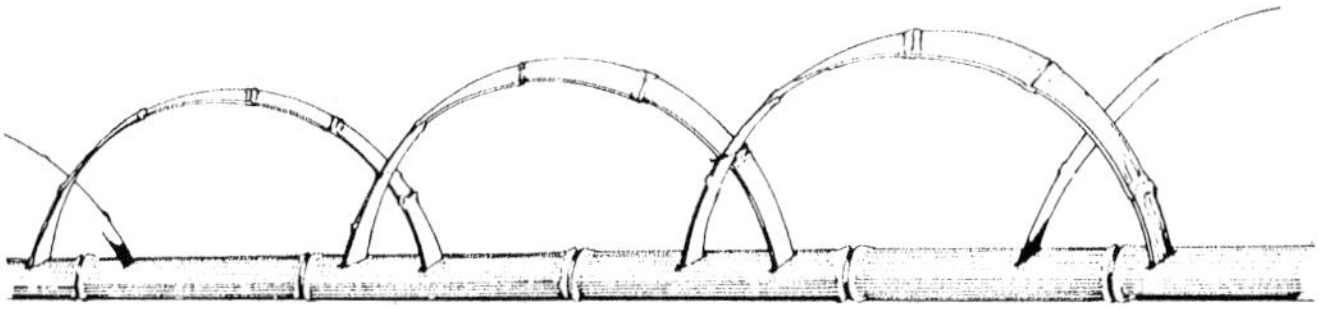

見取図

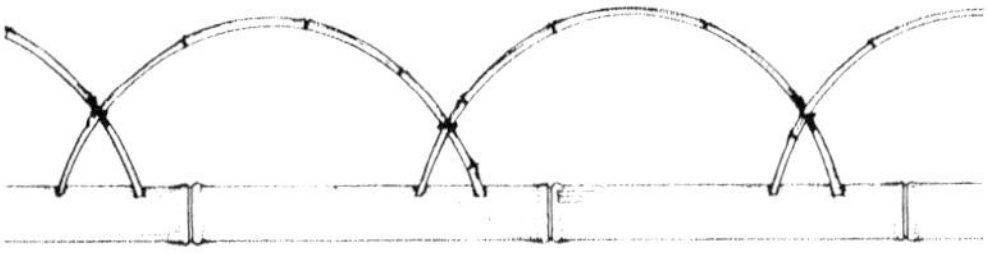

正面図

矢来垣

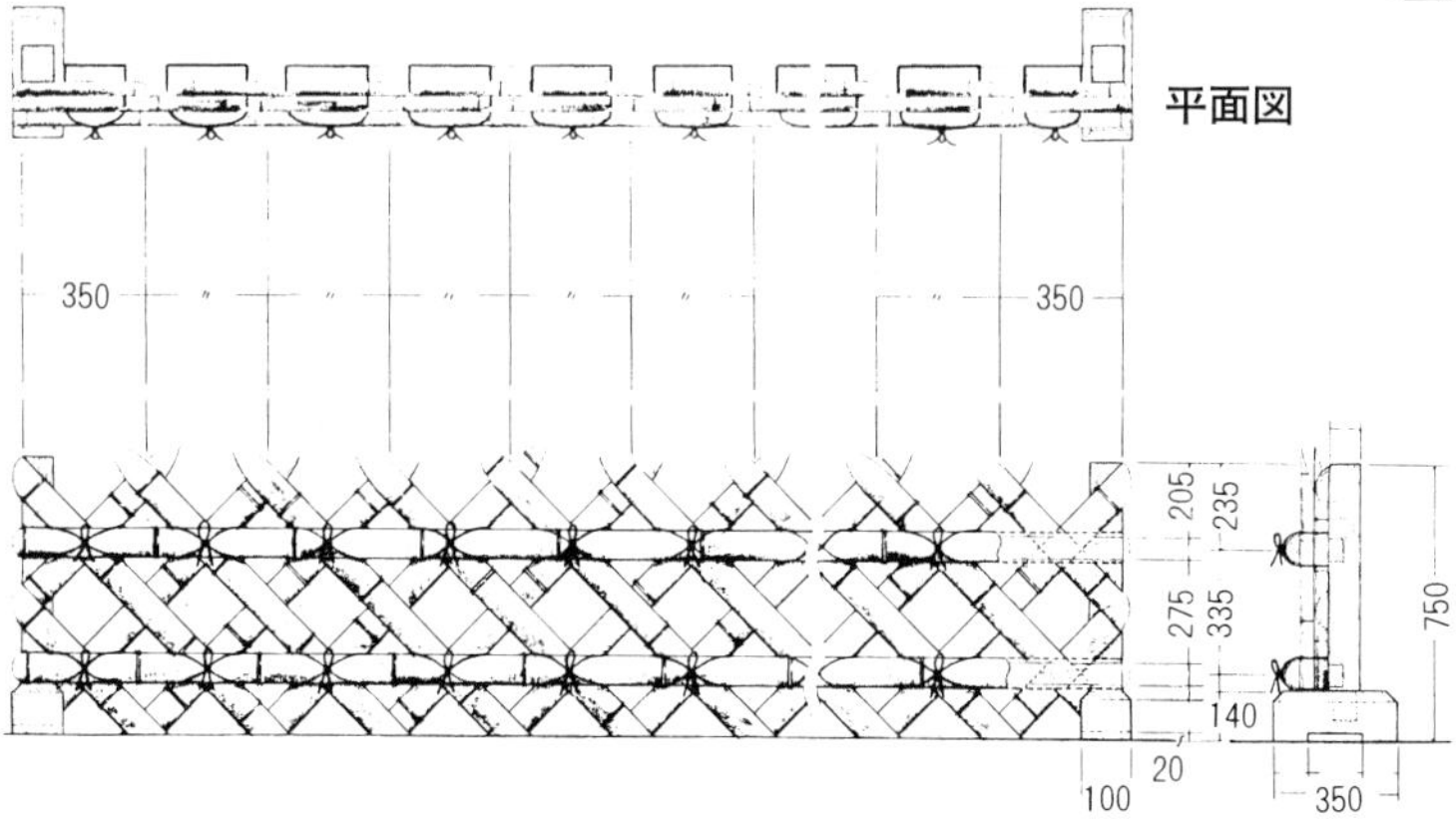

正面図

断面図

深みのある眺め——坪庭(浴室前)の垣

浴室前の一坪の空間だが、目前のブロック塀の外は道路で、背の高い通行人からは覗かれてしまう——そこで火燈口のある蓑垣を立てた。これで覗かれるのは完全に防げたし、浴槽からの眺めに深みが出た。照明を右隅におき光源を直接に見えぬようにしたことと、垣を斜めに構えたことで、更に奥行きが増した。垣の骨組は図のような寸法で異形棒鋼・普通棒鋼・平鋼を使い、竹は框(かまち)には細い黒竹、面の部分には黒穂を使った。更に、ブロックの上に棒鋼を立てて黒竹を掻き付けて御簾垣をつくった。

見取図

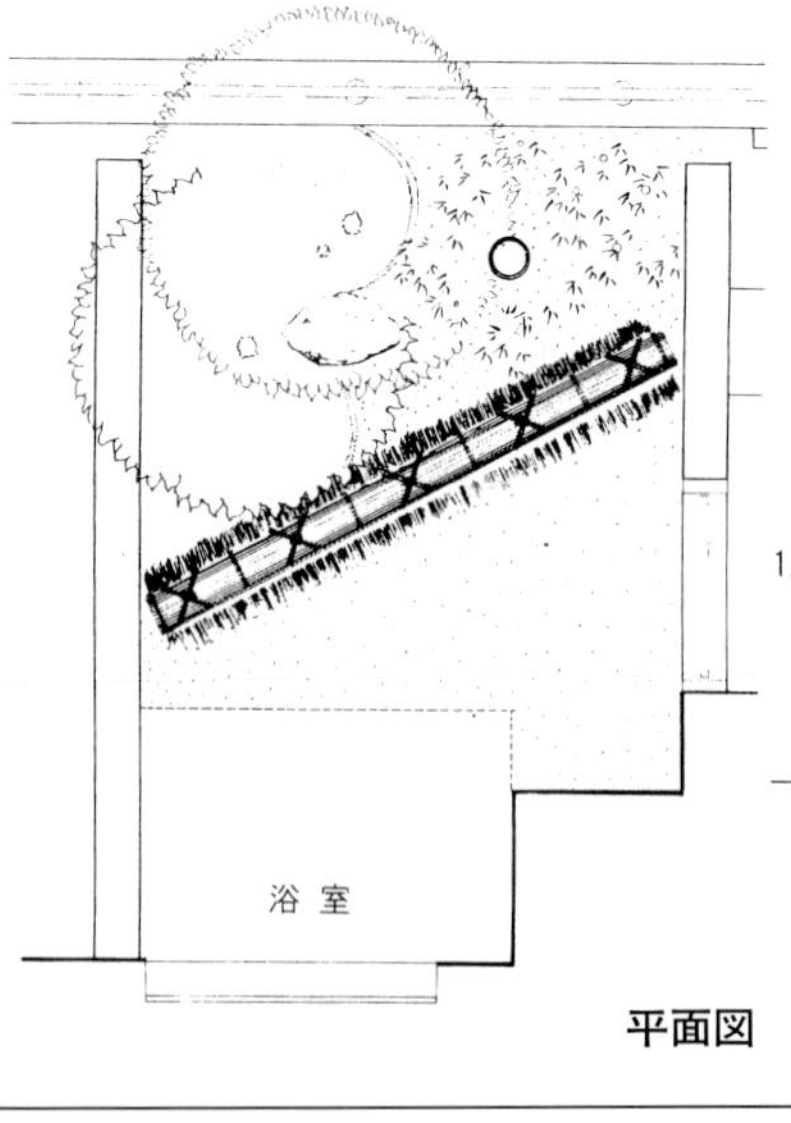

平面図

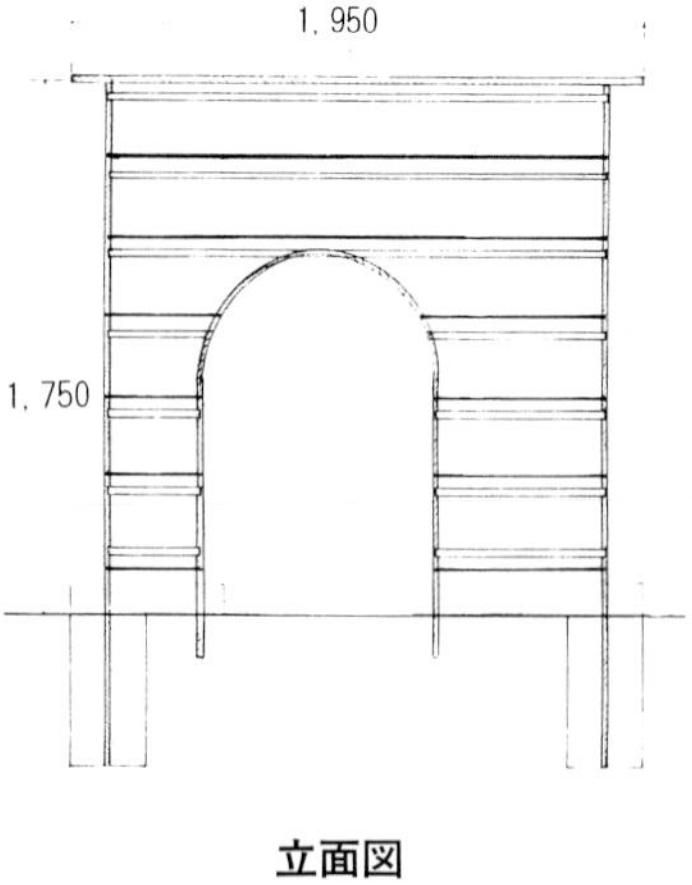

立面図

水戸の垣——偕楽園垣

偕楽園垣は、四ッ目垣の立子が交互に大和立てになるのに対し、立子は一直線上にあり、胴縁が互い違いに取り付けられて、金閣寺垣のように洲浜型を頭部につけたものをいう。和洋風の庭の境界に設けてどちらにも釣り合う嫌味のない垣である。竹は、四ッ目垣より太いのを使った方がよく、従って角杭はかなり太目となる。角杭は皮付丸太がよく、栗ならば申し分がない。立子に沿って地面に、一～二列から数列のリュウノヒゲ・シダ類・セキショウなどを植えると、さびを添えることになろう。水戸の偕楽園を訪ねても意外にこの垣は少なく、近郊の民家にこれを見た。

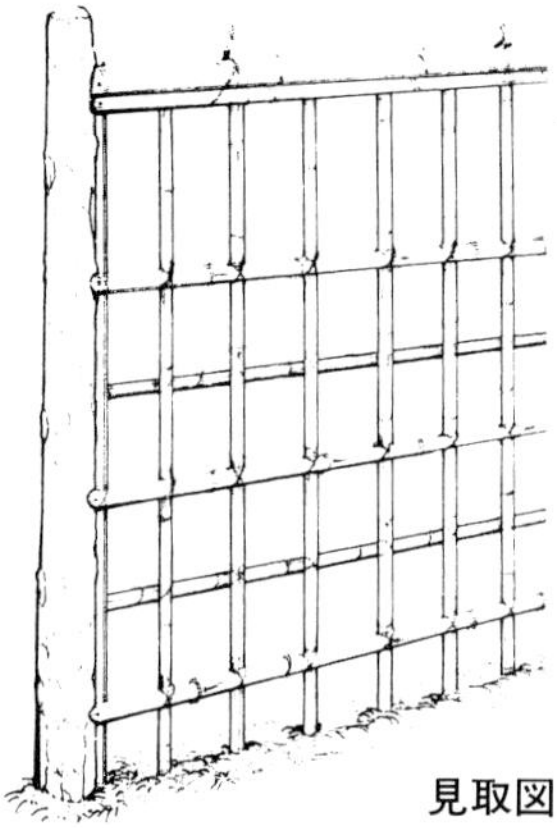

見取図

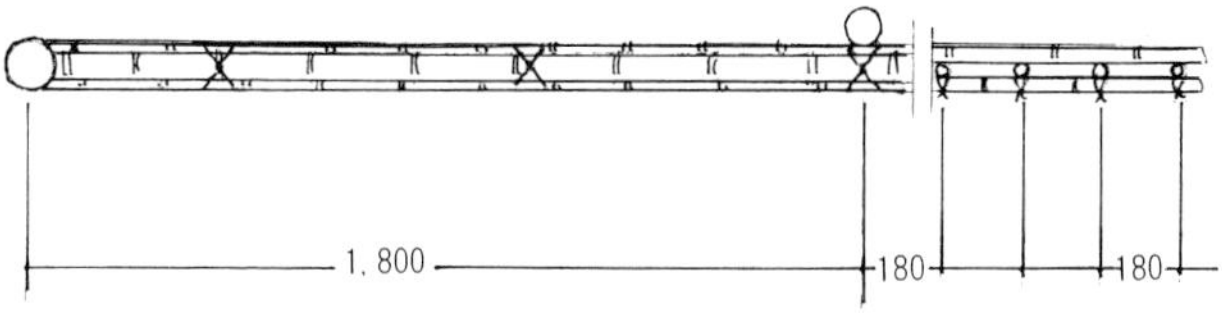

平面図

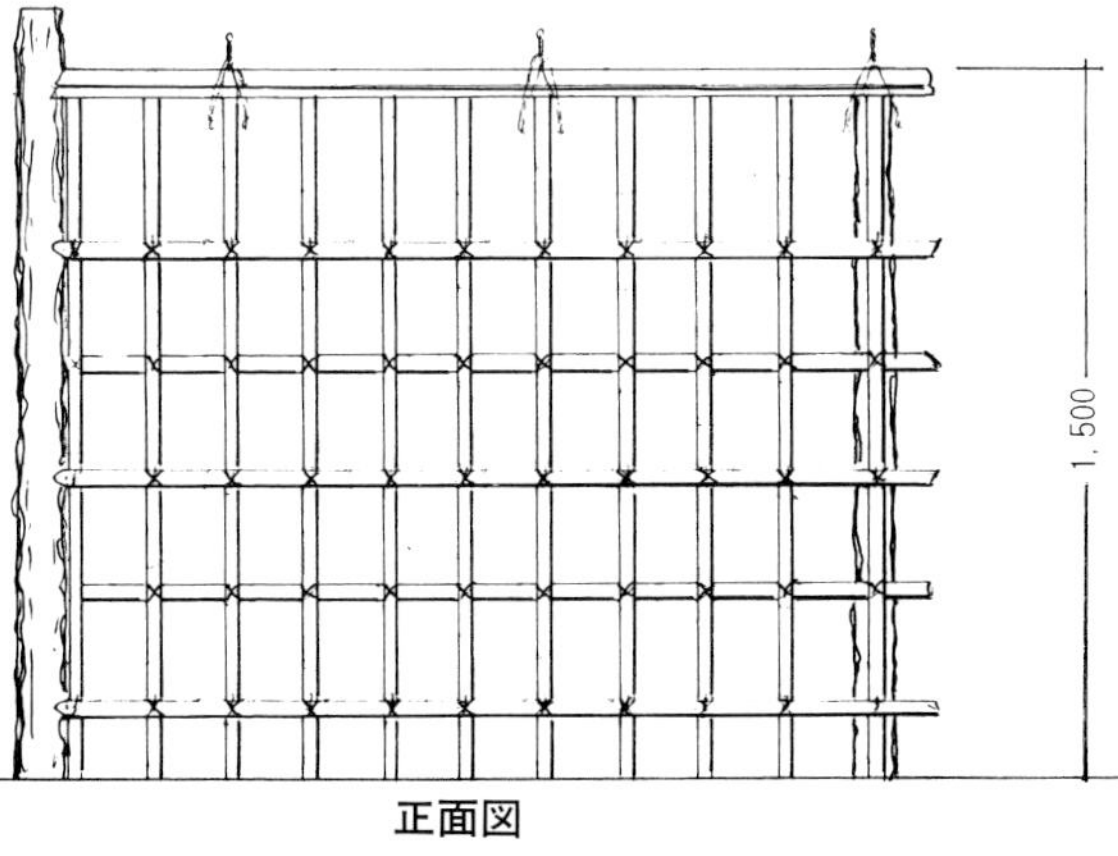

正面図

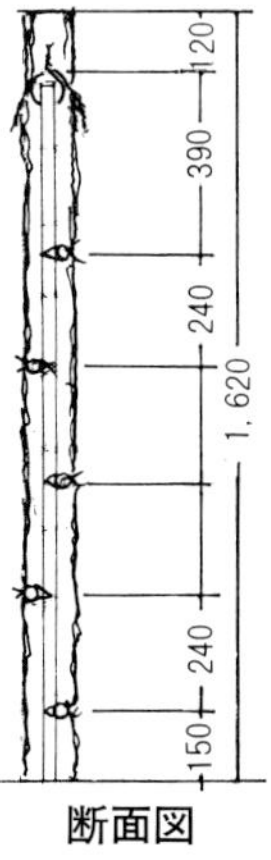

断面図

素材は野原から——浜垣

視線を遮りたい個所に浜垣はつくる。門から入ってくる来客と目が合う、部屋と部屋との客の視線がぶつかるというような場合に、全部を塞いでは庭が狭く感じる時、この垣の効果は大きい。黒穂・女萩、場所によっては葦・よもぎ・いたどり等を使い、穂はしのびで一旦おさえる。竹の結束は銅線で締めてその上を棕櫚縄で結ぶ。

仕上がり寸前の浜垣

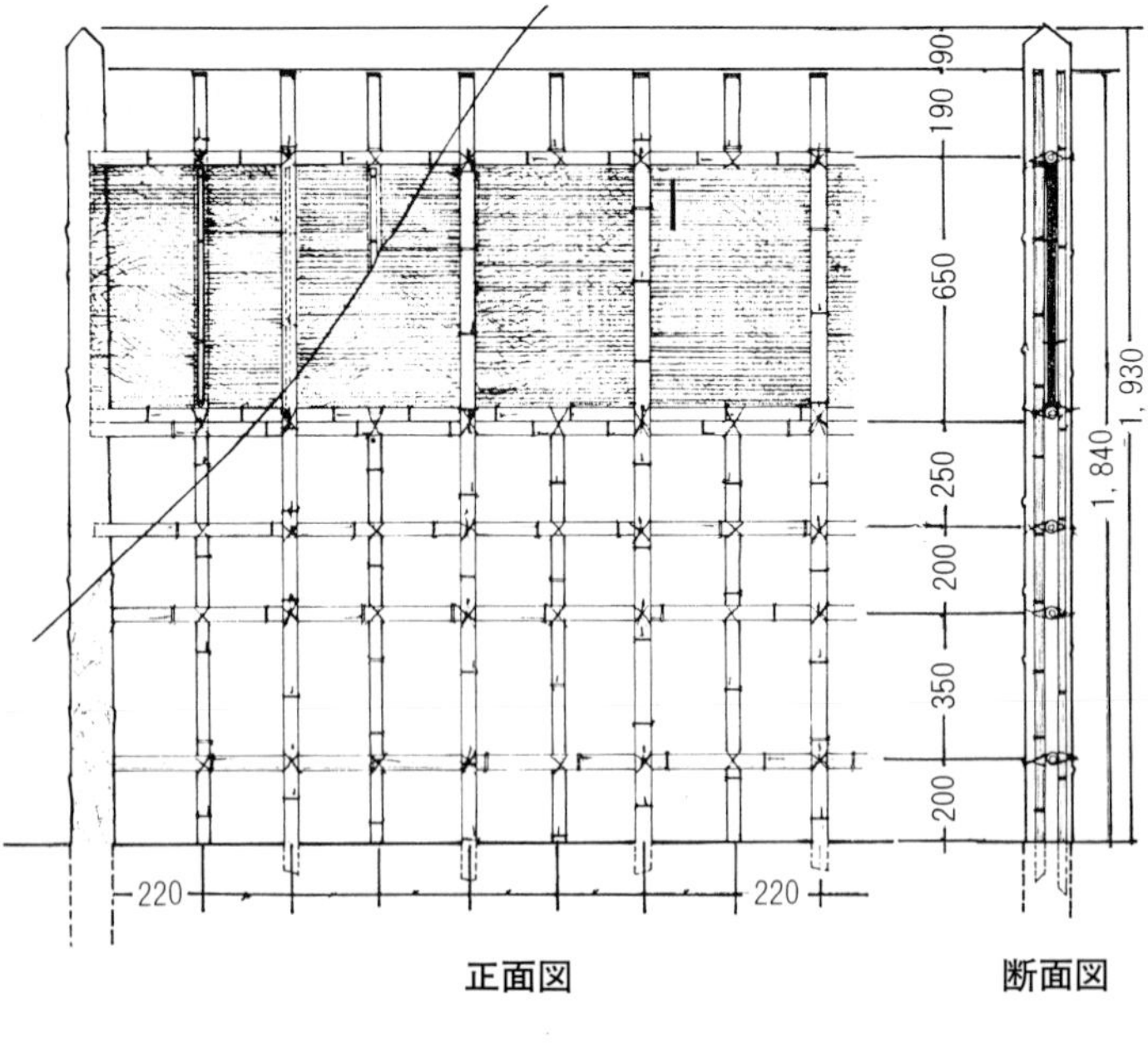

正面図　　断面図

伝承から創作へ

現代の垣根をつくる

革新性がなければ廃れる

竹垣づくりといえば、建仁寺垣にしろ桂垣にしても、現物と寸分違わず、そっくりそのままコピーしたものができてこそ熟練の技と信じられてきたようである。もちろん多種多様な竹垣ができて損はないが、時代とともに発展・進化してこそ次世代に受け継がれていくのが真の伝統だといえる。

ところが、寸分違わない○○垣がつくれるのは実は伝承であって、それを伝統だと錯覚している場合が多い。

本書では、伝統とはいつの時代でも革新性がなければ伝統にはならないという考え方だ。

何故ならば、いつの時代でもその時代時代に生き残らなければ廃れてしまい、次代には引き継がれないからだ。

遠い過去から伝わってきた竹垣を寸分違わずコピーしてきたから残ったのではなく、常にその時代時代において磨きを掛けてきたからこそ展開し、進化して次代に引き継がれてきたからこそ、我々も見ることができるのだ。

そこで大事なことは、竹垣がもつ価値やその本質だろう。もしも本質が歪曲して伝わったならば、それは違ったモノになってしまうだろうし、進歩には繋がらず、ほど遠いものとなってしまう。

ここで時代とともに進化して止まない竹垣の作例を二題紹介する。前半は高橋良仁さん（庭良主宰＝さいたま市）が考案した《小舞垣》。これは呼称のごとく竹で編んだ（正式には掻くという）土壁の骨組をそのまま垣に転用したものだ。

後半は小出九六生（こいで・つむお）さん（小出竹材店代表＝長野市）が考案した連峰垣である。信州長野で生まれ育った小出さんが毎日のように眺めても飽きない信州の連峰を何とか竹垣にできないかと苦心して編み出したオリジナリティーの高い竹垣だ。

小舞垣

高橋良仁・案

❶ 垣根の骨格となる鉄パイプを打ち込む

❷ 異型鉄筋を鉄パイプに結束する

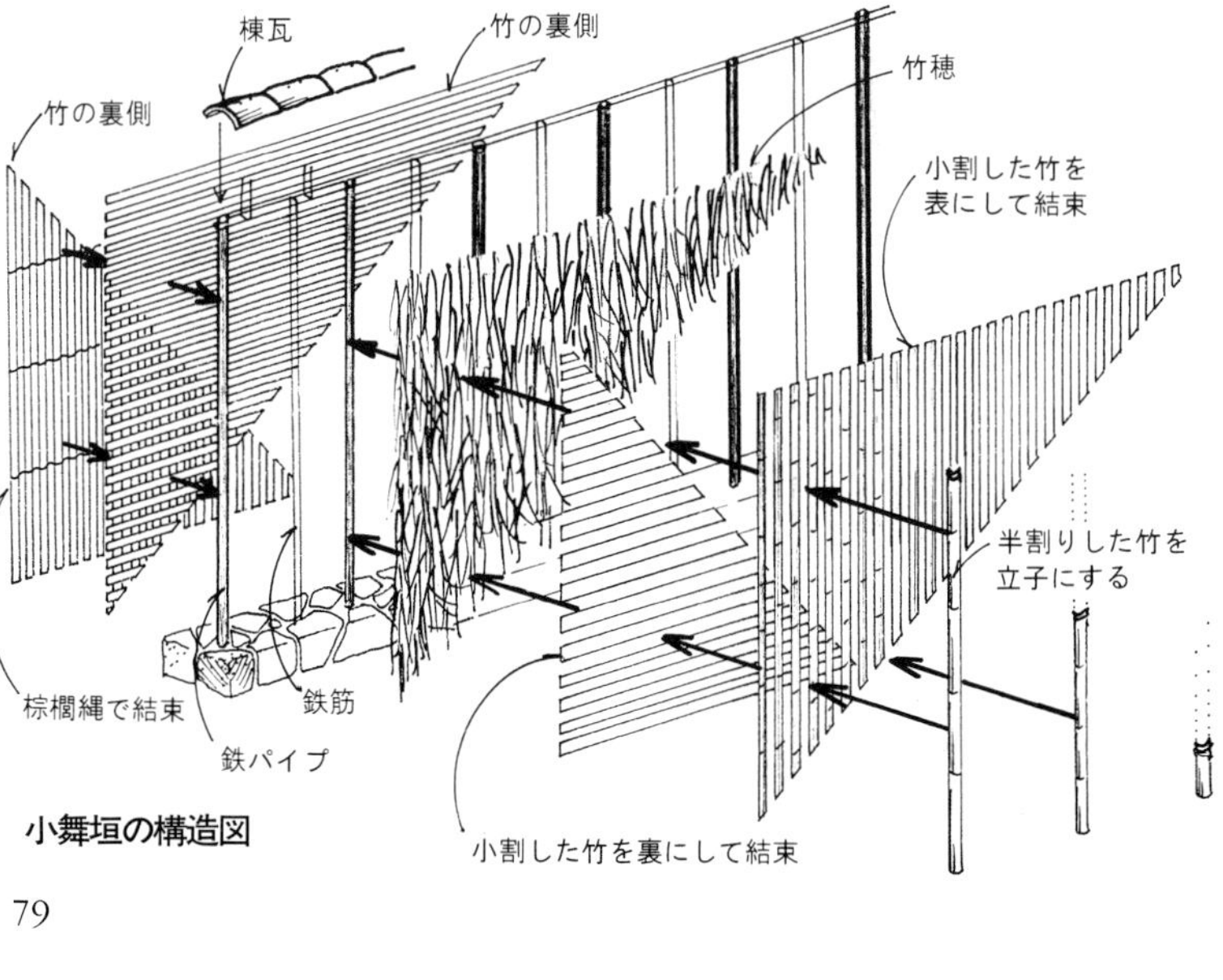

小舞垣の構造図

❸　隣地側(垣根の裏に当たる)には小割りした竹を表前にして横方向に結束

❹　❸の表側のようす

❺　アクセントに棕櫚縄を絡ませる

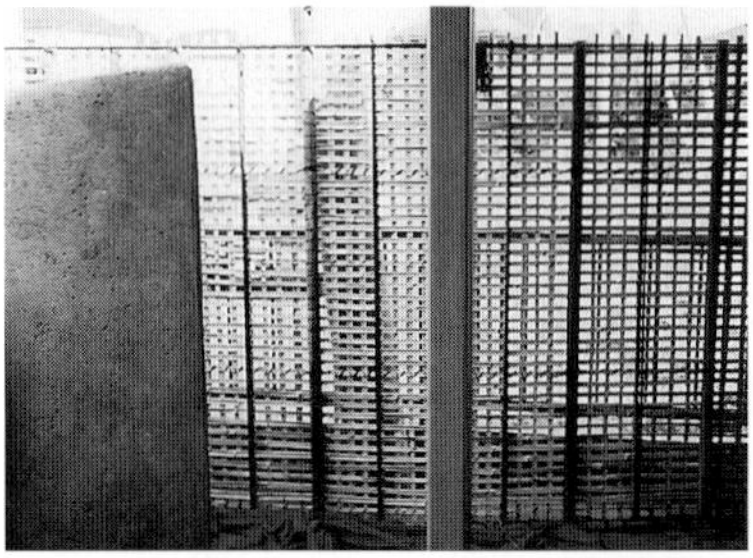

❻　❺の表側のようす

❼　❻を斜め横から見たところ

❽　竹穂を掻き付け、その上に小割りした竹(裏)を横方向に結束

⑩ 小割りした竹を同間隔に掻き付けていく

⑨ 竹穂とその上に掻き付けた小割りの竹

⑫ 竹穂と小割りの竹の掻き付けを終えたところ

⑪ ⑧を隣地側から見たようす

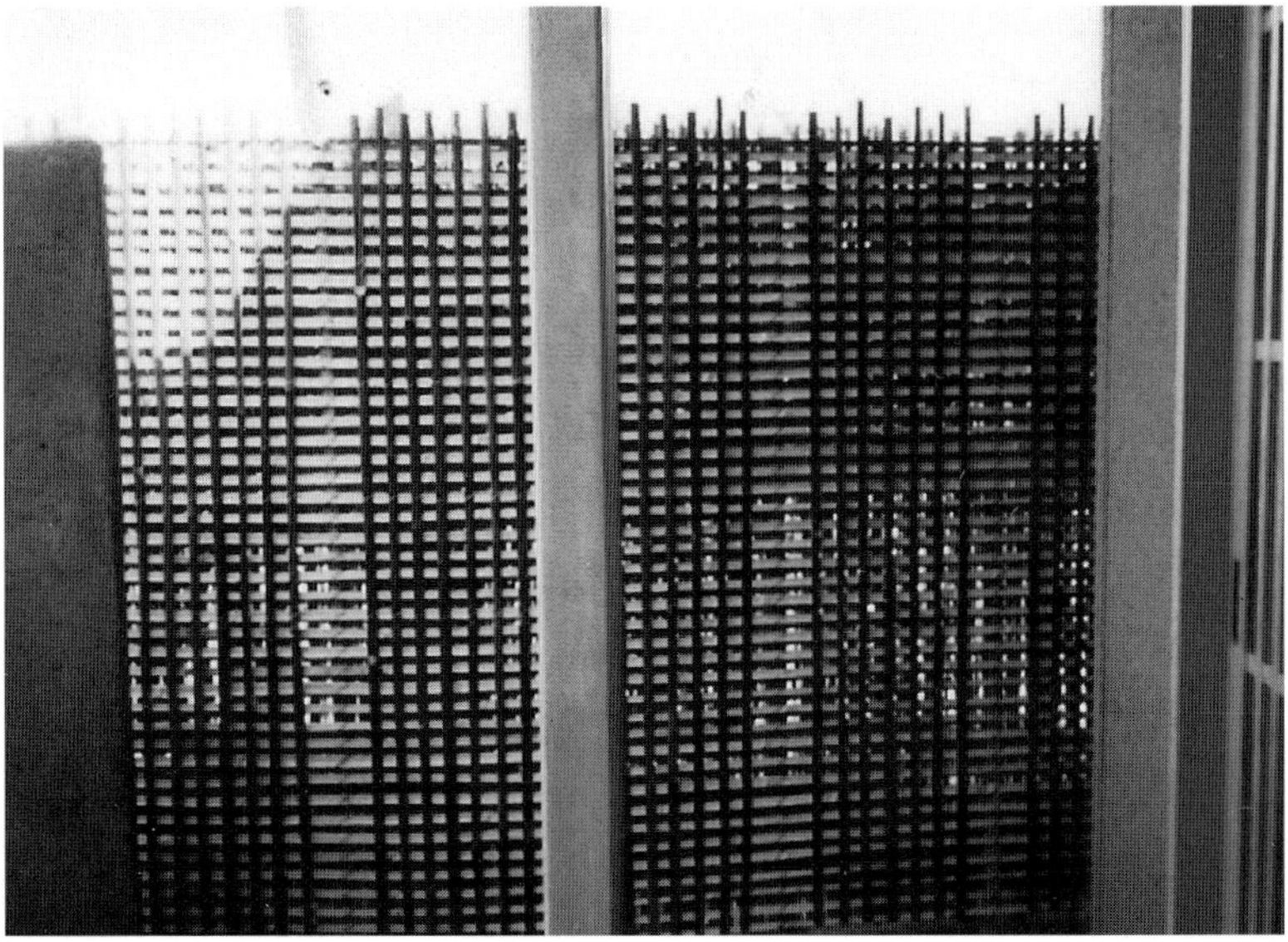

⑬ ⑫の上にさらに小割りした竹(表)を縦方向に掻き付ける

⑮ 垣根に笠の役目をする素丸の瓦を取り付ける

⑭ 縦方向の竹の掻き付けを終える

⑯ 完成した小舞垣

風土から生まれた連峰垣

――小出九六生・案

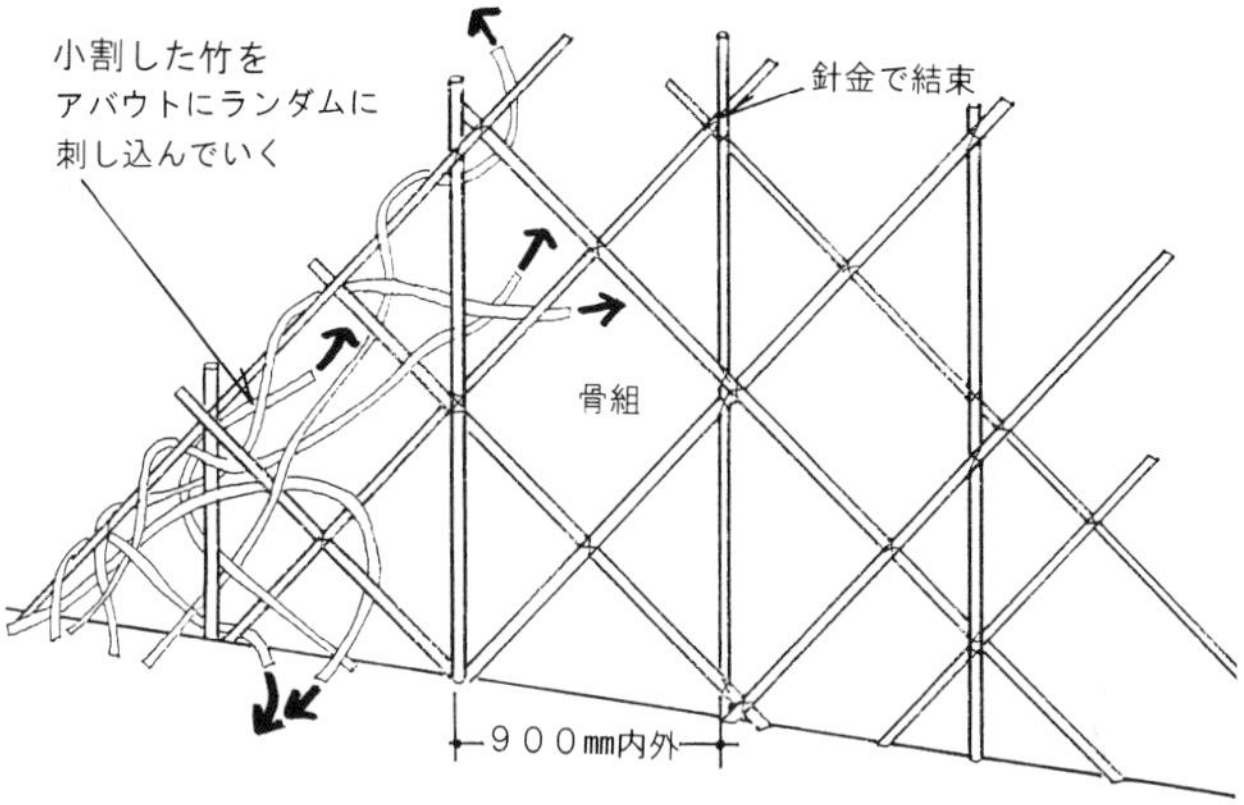

連峰垣の構造図

小出九六生氏が考案した連峰垣＝湯田中温泉、よろづや旅館＝

小割りした竹をアバウトにランダムに掻き付けた連峰垣

連峰垣のワイルドな眺め

連峰垣をつくる

❶ 菱形に組んだ骨組に小割りした竹をランダムに刺し込んでいく

❷ 連峰の峰と谷を想定しながら竹を刺し込んでいく

❸ 全体のバランスを確認しながら連峰のアウトラインを構成する

❹ 連峰の峰や谷ができ上がったところ

❺ 竹を刺し込んで、肉付けをして仕上がり

網代垣

九頭竜垣＝以下、写真は小出九六生氏著『竹は無限 無限の竹』（オフィスエム刊）より転載

黒穂入り光悦寺垣

鎧垣

筏（いかだ）垣

腰龍安寺半蓑垣

大津垣

茶筅（ちゃせん）垣

庭師 安諸定男の――

土塀作法

写真＝信原 修

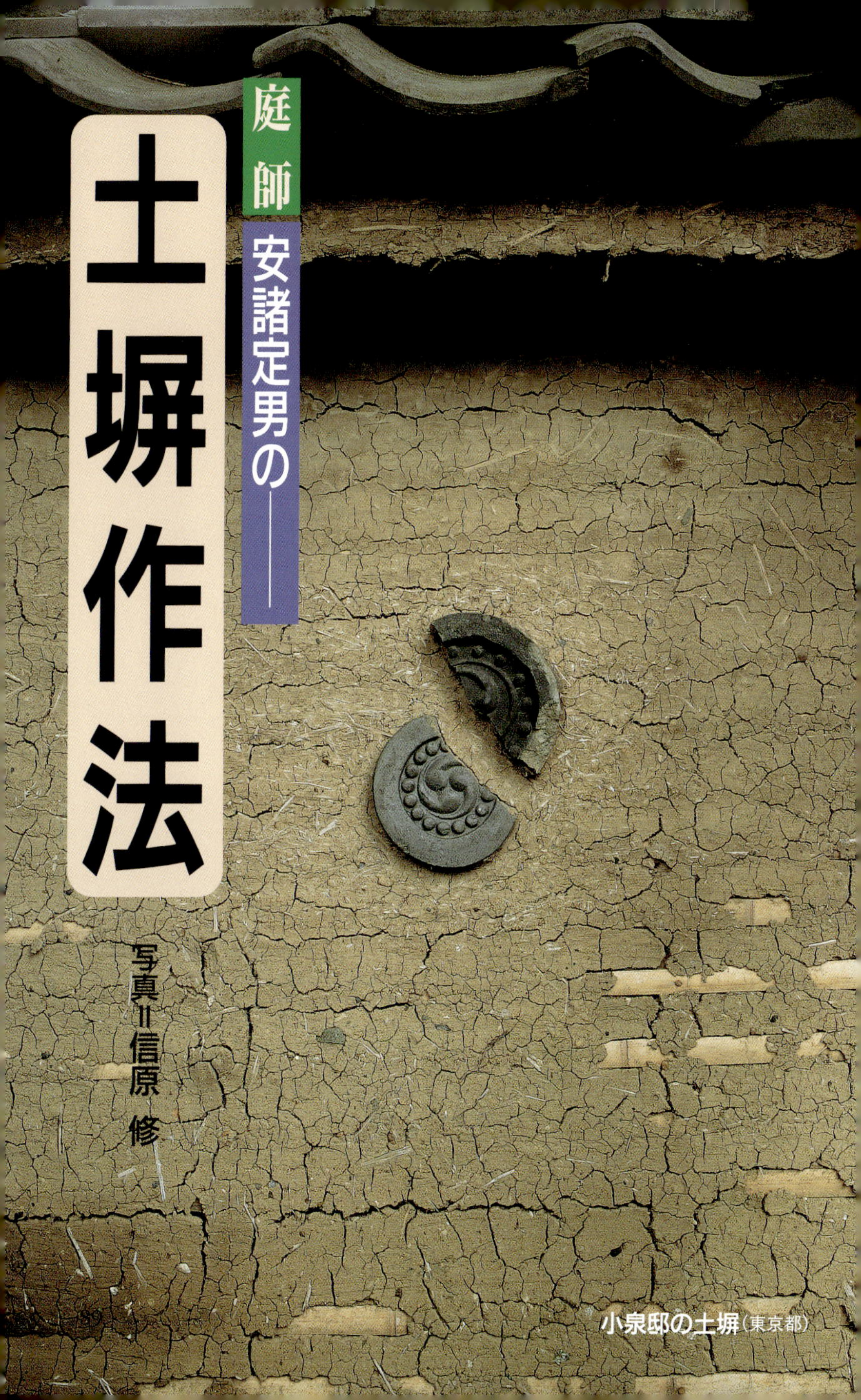

小泉邸の土塀（東京都）

石坂邸（東京都）❶　日本人のアイデンティティーを自覚させる編笠門と土塀のある庭

石坂邸（東京都）❷　粗朶による袖垣と土塀の相乗効果で心がなごむ外周りが生まれた

皿海邸（東京都）❶　目隠しの部分のみを泥壁にした開放的な土塀

皿海邸（東京都）❷　泥を塗りたくった痕跡を残す土塀に手づくりの温もりを感じる

三浦邸（東京都）　駐車スペースの突き当たりに見え隠れする味わい深い土塀

天陽院（東京都）　土塀が生み出す雰囲気は都心であることを忘れさせる

皿海邸（東京都）❶　土塀の有無によって庭の表情はガラリと変わり、土のやわらいだ雰囲気が好印象を与える

皿海邸（東京都）❷　土塀の上下に設けた開口部は、外部からの目線だけをシャットアウト、しかも開放感をという相反する問題を一挙に解決している

天陽院（東京都）❶　都心とは思えない静寂さを醸し出す土塀

天陽院（東京都）❷　都心の無機質な空間から見事に遮断し、この土地の原風景さえ感じさせる庭が土塀によって生まれた

天陽院（東京都）❸　風雨や陽に晒され、風化していく度合いを意図的に表現できるのも土塀づくりの楽しさだ

石坂邸（東京都）　道路より土塀をセットバックさせ、その内外に草木を植え、人が人として《すまう》空間づくりをしているようすがよく理解できる

小泉邸（東京都）❶　手水鉢と緑の木々は、土塀にはベストマッチし、都内の住宅地とは思えないやわらいだ雰囲気を生み出している

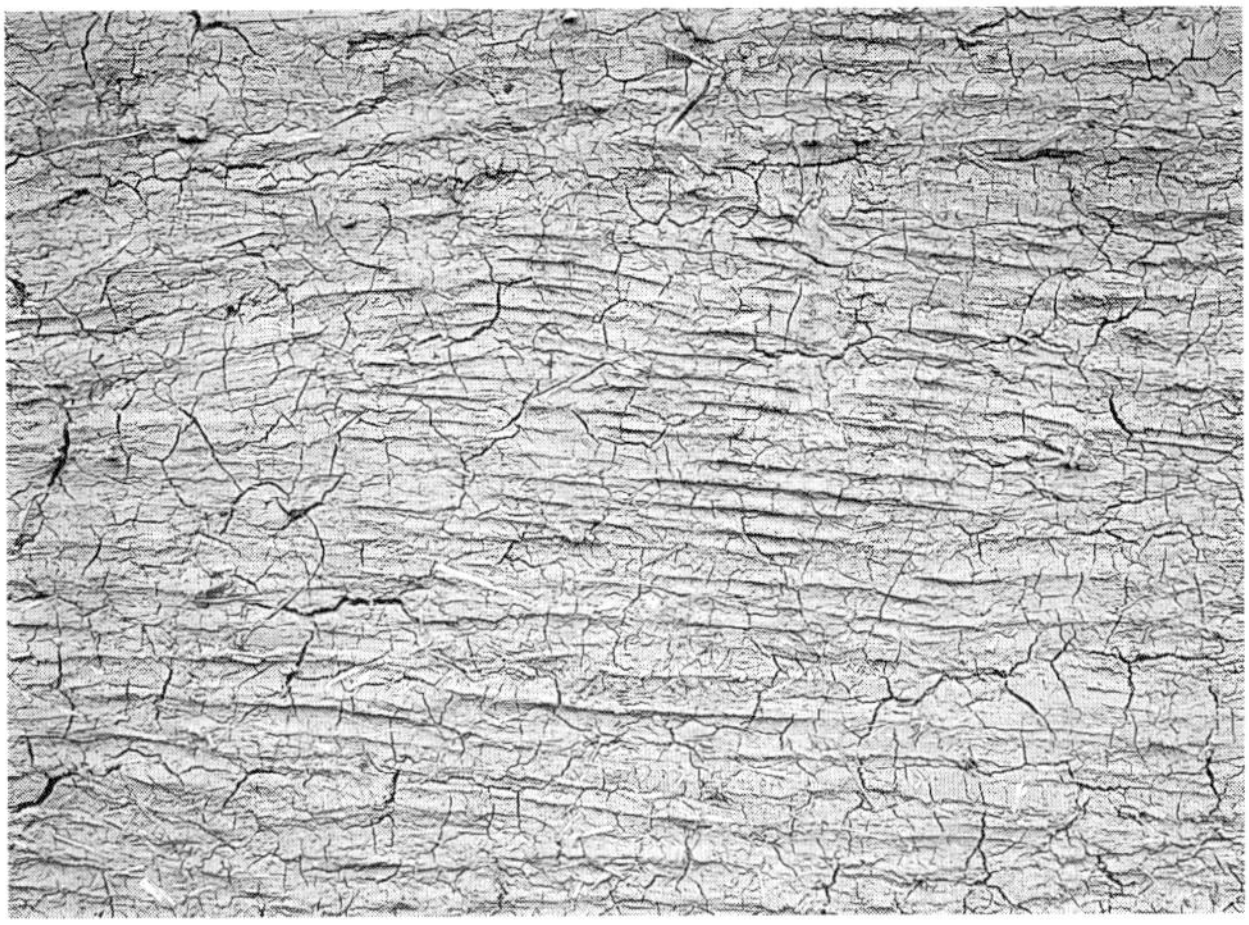

小泉邸（東京都）❷　指でなぞった痕跡がくっきりと残る土塀、つくった行為が時間を超えて蘇るのも泥の魅力だろう

小泉邸（東京都）❸　高低差のある庭を取巻く土塀は、外部の無味乾燥とした景観を遮断し、この庭独自の世界を創り出している

小林邸（東京都）　万年塀やブロック塀では、決して味わうことができない人間味あふれる土塀

川嶋邸（東京都）　土地の段差を埋める石積、空間の質と視線の結界をする土塀と竹垣、どれも必然性があり、しっくりと一つの庭としておさまっている

泥との戯れ

——私の土塀作法——

安諸定男

土塀には暖かい温もりと人間味を感じる（小泉邸＝東京都）

泥団子

私は、毎年二月の後半になるときまって子供の頃のことで思い出すことがあります。

それは、お節句の菱《ひし》餅を染めるために お袋が大切に取っておいた、赤と緑の食紅を私が持ち出して、近くの遊び仲間と泥団子の中に入れ、泥んこ遊びの材料に使ってしまったということであります。今になって思いますと、物資の少ない五十七年も前の頃でありますから、母親は大変困ったことと思います。

今でもその時につくった泥団子の変な色が目に浮かび懐かしく思います。誰にでも小さい頃の泥んこ遊びの経験はあると思いますが、私の土との出合いは、特にその時の印象が強く、歳を取った今でも私が土や粘土の魅力に惹かれるのはそこにあるような気がします。

山村の素朴な土塀に魅かれる

炭を焼く土窯や囲炉裏、窯床、掘り炬燵、お茶づくりの火床《ほど》、土蔵、住宅の荒壁などと、子供の頃の私の周囲には土でつくった沢山の生活用品や生活空間がありました。

新築の現場がありますと、庭先などで田んぼや池のようにして土に藁を切り混ぜ土捏《こね》をする光景をいたるところで見ることができました。

そうした土でつくった土塀や土蔵を見ていると私の心は非常に和みます。そのためか旅先でも古い素朴な土塀などを見かけると自然にそのほうに目が向いてしまいます。土塀は古ければ古いものほど趣があって良いと思います。

また、地方によってそれぞれ材料や形の変わった特色のある土塀があったり、大きさや高さもいろいろあって面白いと思いました。

特に、私が良いと思うのは京都の町中や奈良の寺などにある立派なものでなく、中国地方や九州地方の山村で見かける素朴な土塀です。これらには、素人くささと手づくりの味が出ていて、自然の景色に融け込んだ美しさがあります。

土塀は、少し崩れかけていても美しいし、また、遠くで見ても近くで見ても美しいのです。コンクリートブロックや新建材の塀に比べて土塀のほうがやわらかな優しさを感じるところがあります。庭樹や下草に対しても温度の寒暖や乾燥、湿気などを調節して大変良い環境をあたえます。このことは、ブロック塀の近くにある樹木と土塀の近くにある樹木とを見比べて見てもはっきりとしています。

いつの間にか私の作庭の中にもそうした土塀を取り入れて仕事をしていることに気づきました。

私が庭に土塀を取り入れる場合、敷地の境界として用いることもありますが、それより

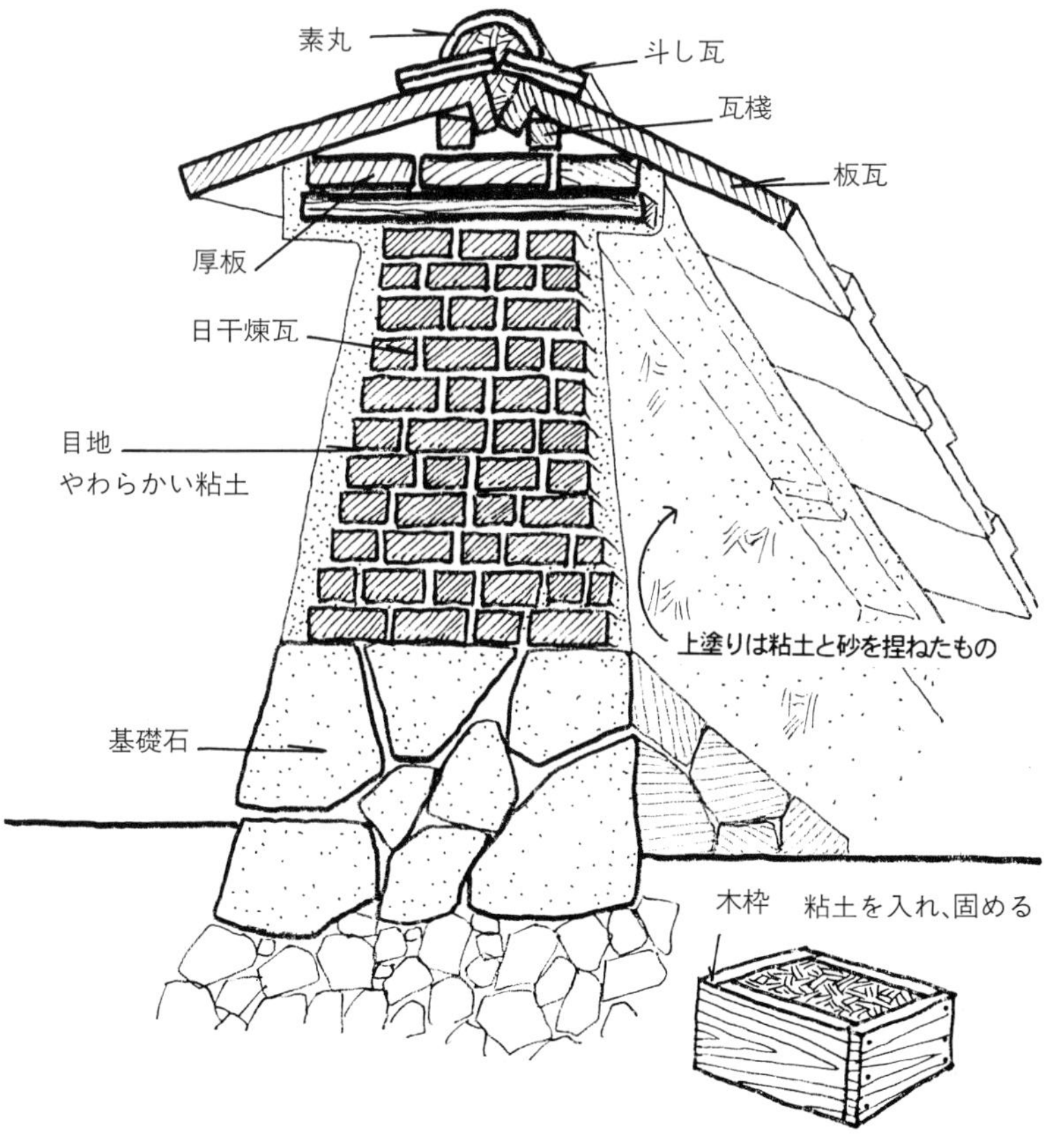
素丸
斗し瓦
瓦桟
板瓦
厚板
日干煉瓦
目地
やわらかい粘土
上塗りは粘土と砂を捏ねたもの
基礎石
木枠
粘土を入れ、固める

積む工法

むしろ一つの庭園の区切りとして庭に線や空間をはっきりさせるために築くことが多いのです。

また、庭が一つの俗世界から離れているところだという感じを持たせるために結界としての低い土塀を用いることもあります。

土と人間の関係

庭園の樹木の間を低く土塀が築かれている景色を見ますと、奥山の人の佗び住まいを思い出すことがあり、人間生活と土との関係をひとしお感じさせることがあります。

中国大陸から朝鮮を経て我が国にはいってきたとみられるこれらの土塀は、どのようにしてつくられてきたのでしょうか。時代によっていろいろなつくり方があったと思うのですが、大別して三つの方法があったと考えられます。

その一に「積む」、二に「築く」、三に「塗る」の三つだと思います。

積む工法

まず最初の「積む」という施工方法は、粘土を一定の四角の型枠に入れて日干し煉瓦状にしたものを、目地に粘土を入れて積むという方法です。それがだんだんと変化して玉石や礫や瓦、陶器のくず、大きな貝殻など生活に不用なものを、模様を取りながら粘土を混ぜて上手に積むようになってきました。(111ページ図参照)

また生乾きの粘土をソフトボールの玉より大きな団子につくり竹串などをさして積み上げる方法で団子積みといいます。これらの方法を「積み上げ施工法」の土塀とみてよいと思います。

築く工法＝版築工法

次に「築く」という方法ですが、これは中国大陸から日本へはいってきた最初の築造法であるともいわれる方法で版築《はんちく》とも呼ばれ、

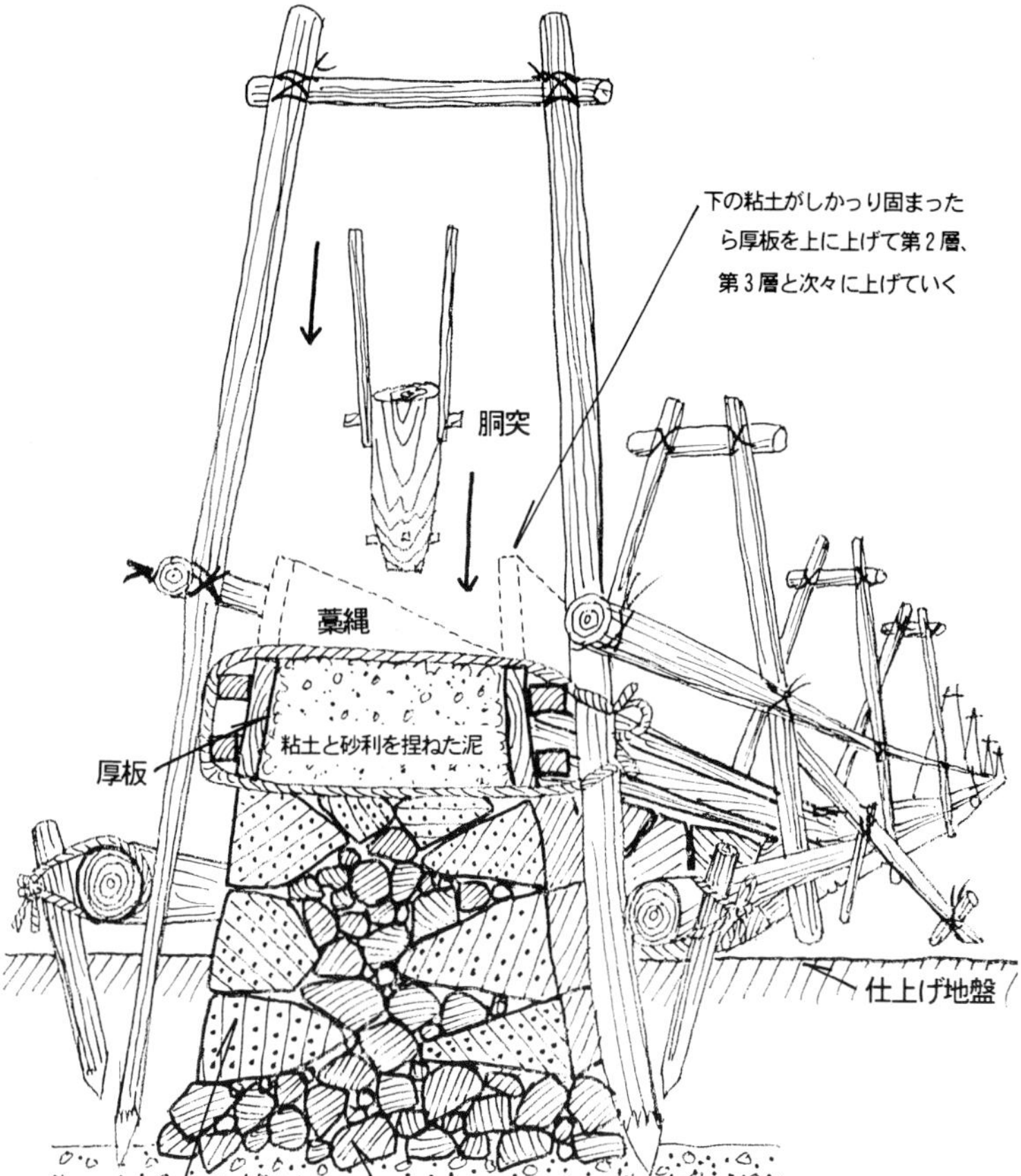

第 1 層の図　第 2 層、3 層と次々に上に上げていく

築く工法＝版築工法

奈良や京都の古い寺などの土塀がこの方法で、丸太や角材、あるいは厚い板などを基礎石積みの上に鉄道の線路状に二本横に並べて一つの仮枠をつくり、その中に乾きめの粘土と砂利を混ぜたものを入れて胴突や杵、あるいは搗《つき》棒で粘土を突き上げていく方法です。丸太と丸太を縄や蔓などで引き合わせてバリをかけて型枠をつくり、粘土が丸太や厚板の高さまでできたら縄を切ってその上へまた同じ方法で型枠をつくり一層ずつ上がって粘土を盛り上げていくので、土塀のことを「築地塀」という意味が何となく判ったような気がします。このように粘土と砂利、またはまさ土を混ぜたものを築き上げていく施工法を築き上げ土塀といいます。(113・115ページ参照)

塗る工法

三つめの「塗る」という施工法の土塀は栗や杜松、赤松、杉やひばのように水に強く腐食しにくいまっすぐな丸太を前あしらいに三方に製板をかけて柱をつくり、前あしらいの部分を鋸状に「かき込み」を入れて棚をつくります。

その棚の部分に丸竹を打ちつけ土塀状骨組をつくり、その中に土を入れたり、離れたところから藁苆と粘土を混ぜたやわらかいぼたもち状の粘土を投げつけ接着させ、鏝で平らに仕上げていく方法で住宅や土蔵づくりの壁に似た施工方法です。(117ページ図参照)

この方法は比較的早く土壁の型に仕上げることができるのですが、壁が乾燥するまでには壁の厚さにもよりますが三ヶ月から四ヶ月もかかり、厳寒期には土が凍るので工事をするには大変むずかしく、もし工事を行なう場合は、暖房など防寒養生が必要となります。

また、骨組の材料も竹ばかりではなく地方によってはいろいろの素材を使用することがあります。例えば山間部ではえご丸太や雑木のまっすぐしたもの、あるいは根曲り竹や篠、蚕の下に敷く古いえびれなど、身近な素材を

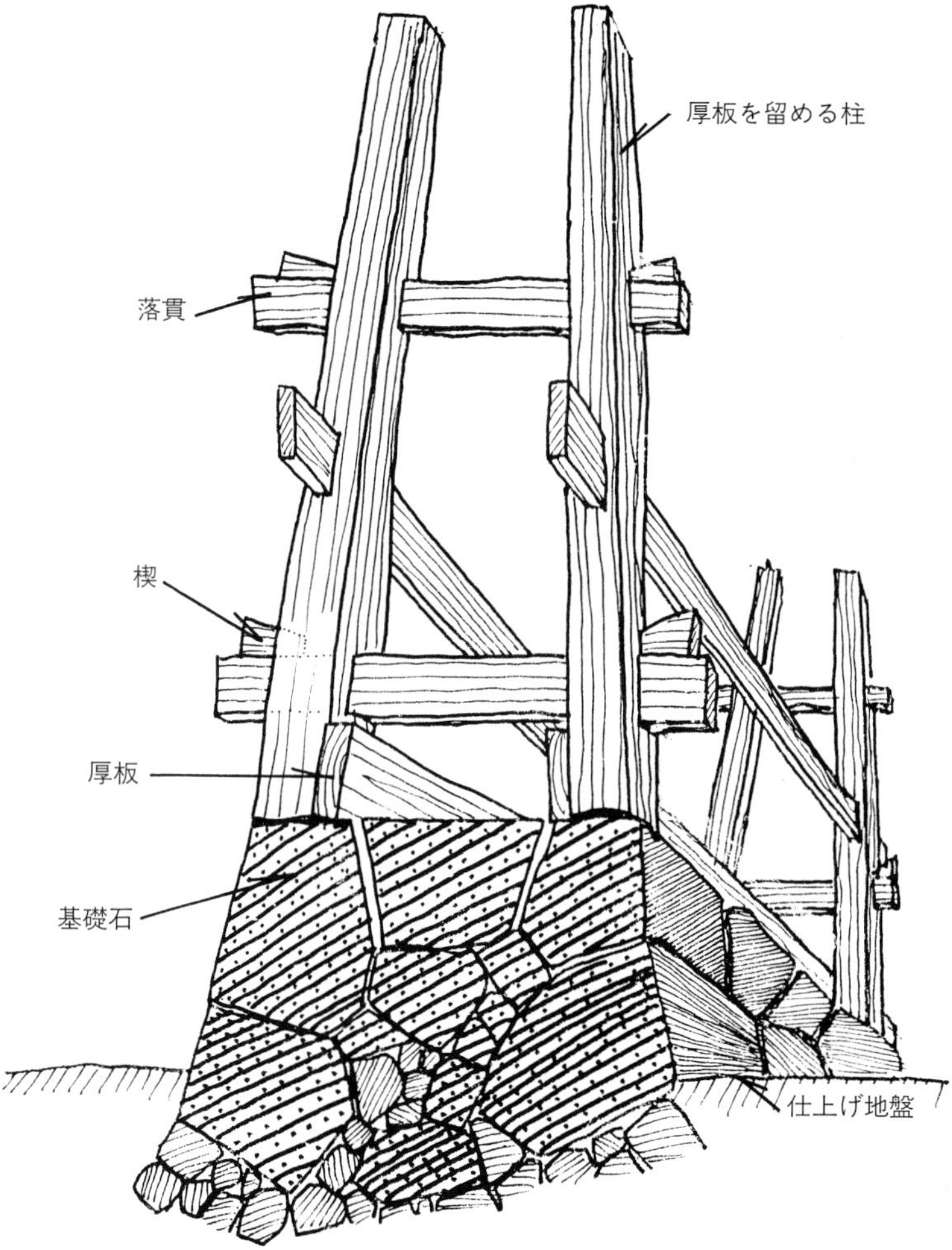

型枠による版築工法＝短距離用

使っていくようです。海岸ですとやはり古い舟材や太い漁網などを工夫して使用しているところもあります。

土塀づくりはこのように、土台に基礎石積みをしてから粘土を「積む」「築く」「塗る」の方法で作成することが多いのですが、この他にもこの三つを併用したやり方や、火でうすく焦した厚板で型枠をつくり石灰と小砂利と粘土、粗め砂、苦汁などを混ぜた材料を入れて固め、板目の美しさを表面に出すという方法などもあります。

その他、地方によってもいろいろと施工法はあると思います。そうした土塀こそローカルカラーが出て美しく、見る人の心を楽しませてくれます。

土塀を風雨から守る

また、土塀づくりで一番大切なことに屋根の防水がありますが、私の場合は庭園の中に築く土塀のためなるべく肩の凝らない素朴な古い瓦を利用するのですが、そのために、瓦の下の防水はなるべく、厳重にするようにしています。

例えば、杉皮や厚いルーヒングやあるいは銅板で下葺きをしてから古瓦やひばの厚板などの屋根材を葺くことにしています。屋根の軒の出は少なくとも基礎石積み側面より五寸以上出すようにしています。あまり軒の出が少ないと、土塀の下部を早く傷めることがあるからです。どうしても場所によって深く屋根ができない場合は土塀の側面に鉤《かぎ》折れ釘を打って掛戸を吊して養生とする場合もあります。

また屋根の勾配ですがあまり強くつけすぎると土塀の場合おかしく見えるので、私の場合は二寸五分から三寸までとしています。これも多少葺く瓦によっても異なりますが、勾配があまり無くても雨漏りの原因となることがあり、冬期には雪などで凍って破ることもありますので、土塀の屋根には実用と美観の

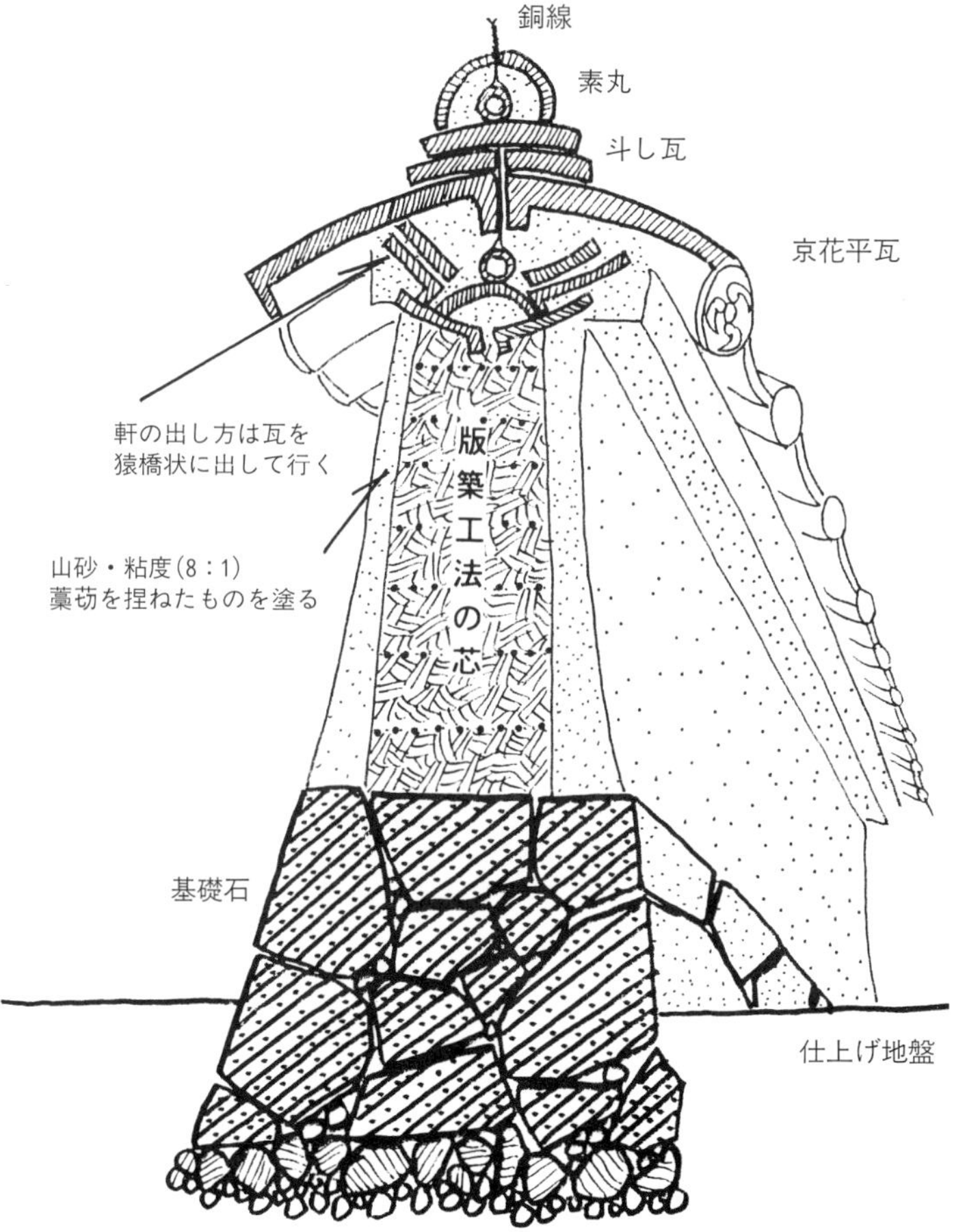
銅線
素丸
斗し瓦
京花平瓦
軒の出し方は瓦を
猿橋状に出して行く
版築工法の芯
山砂・粘度(8：1)
藁苆を捏ねたものを塗る
基礎石
仕上げ地盤

築く、塗る併用の工法

面でも大変注意します。

土塀の良い点は前にも少し書きましたが、乾燥や湿気を処理し建造物の保護や庭樹や苔などを自然の害から護る他に、現代では騒音や車の排気ガスを防ぎ、人畜の侵入を防ぐ利点もあります。

日本的な雰囲気を

現代のようにコンクリートづくりや石油製品の新建材や無機質カプセル住宅のように古くなればだんだん色あせてあじけない色になっていくのに対して、土塀は古くなれば古くなるほどその良さと風格を表してくれます。時代のついた土の色は私達を遠い古里に案内してきてくれたようにも思えます。

こうして私は作庭とともに庭園の一部に土塀を取り入れる仕事を多く行なってきましたが、私の庭づくりは作庭の手法がどうとか、石組がどうあるべきという理屈や理論でなく、一つの庭という空間に日本の各地の村や奥山に今も残る日本的な雰囲気を実感として写し出すように心がけてきました。

ですから私は、庭を分析したり、もっともらしいこじつけをすることは好きではありません。

冷たい空間を和らげたい

その意味では私の庭づくりは庭園ではないかもしれませんが、ビルや高速道路や車など公害の多い大都会の殺伐とした中にも、こうした手づくりの土塀を新しく取り入れることによって、冷たい空間を、和らげたいと思っております。

そのために私はいつも日本の各地の名もない山村や町を旅して陶器や伝統民俗的なものに目を向けることが多くなりました。

それは単なる民芸趣味や骨董趣味ではなく、少しでも昔の素朴で良い物を見つけ出して、新しく現代に生かして残そうという私の気持ちからです。昔の人の考えた良い物を忘れな

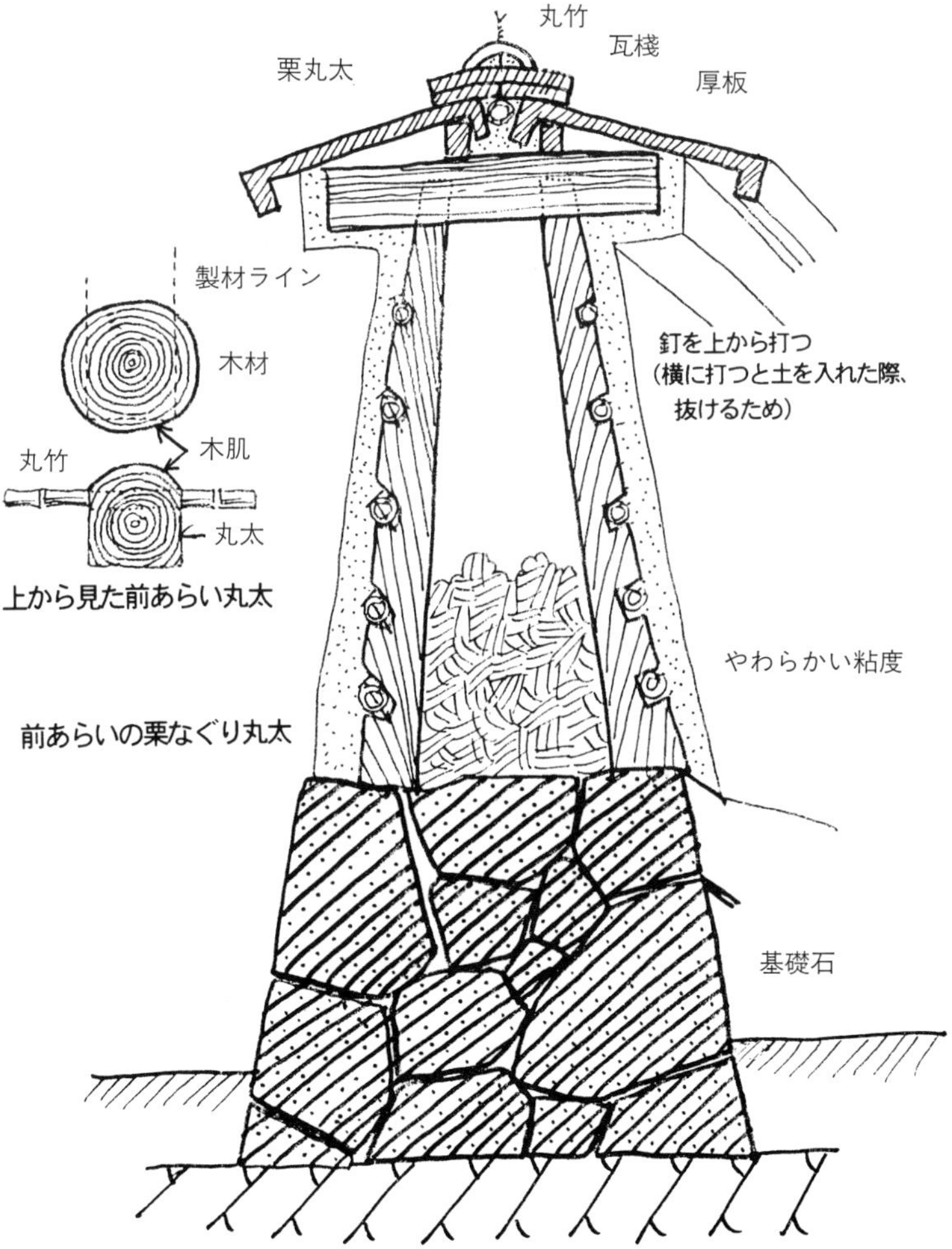
丸竹
瓦桟
栗丸太
厚板
製材ライン
木材
木肌
丸竹
丸太
上から見た前あらい丸太
釘を上から打つ
（横に打つと土を入れた際、
抜けるため）
やわらかい粘度
前あらいの栗なぐり丸太
基礎石

塗る工法

直線や曲線でも、その土地の形状と作庭意図で自由につくれるのが土塀の特色

いように私はもっと努力していきたいと思っております。

そうした私に粘土や石灰や苦汁を使って池や延段や軒打ち方法を教えてくれた森田秀治氏や、岩山幸太郎氏はもう遠い蓮華の咲く新しい国で楽しい庭園を眺めていることでしょう。

丹羽鼎三先生や吉永義信先生や松田愛洲さんもまじって楽しくお茶会でもなさっているのでしょう。

丹羽先生の「水、土、木、石などの自然材料を用いて作出された美的景観を持つ特定地域」という庭園の定義も、現代では大変かわってきました。

よく生田のお宅の土手草を刈る時に「君は、なぜ鎌を持って砥《とい し》を忘れたのか」と、あたり一面に聞えるような大声で叱られた昔が懐かしく思い出されます。

『庭』別冊五十四号《和風の庭景観》より

高橋良仁の土塀作法

泥の可能性に挑む

写真＝高橋良仁

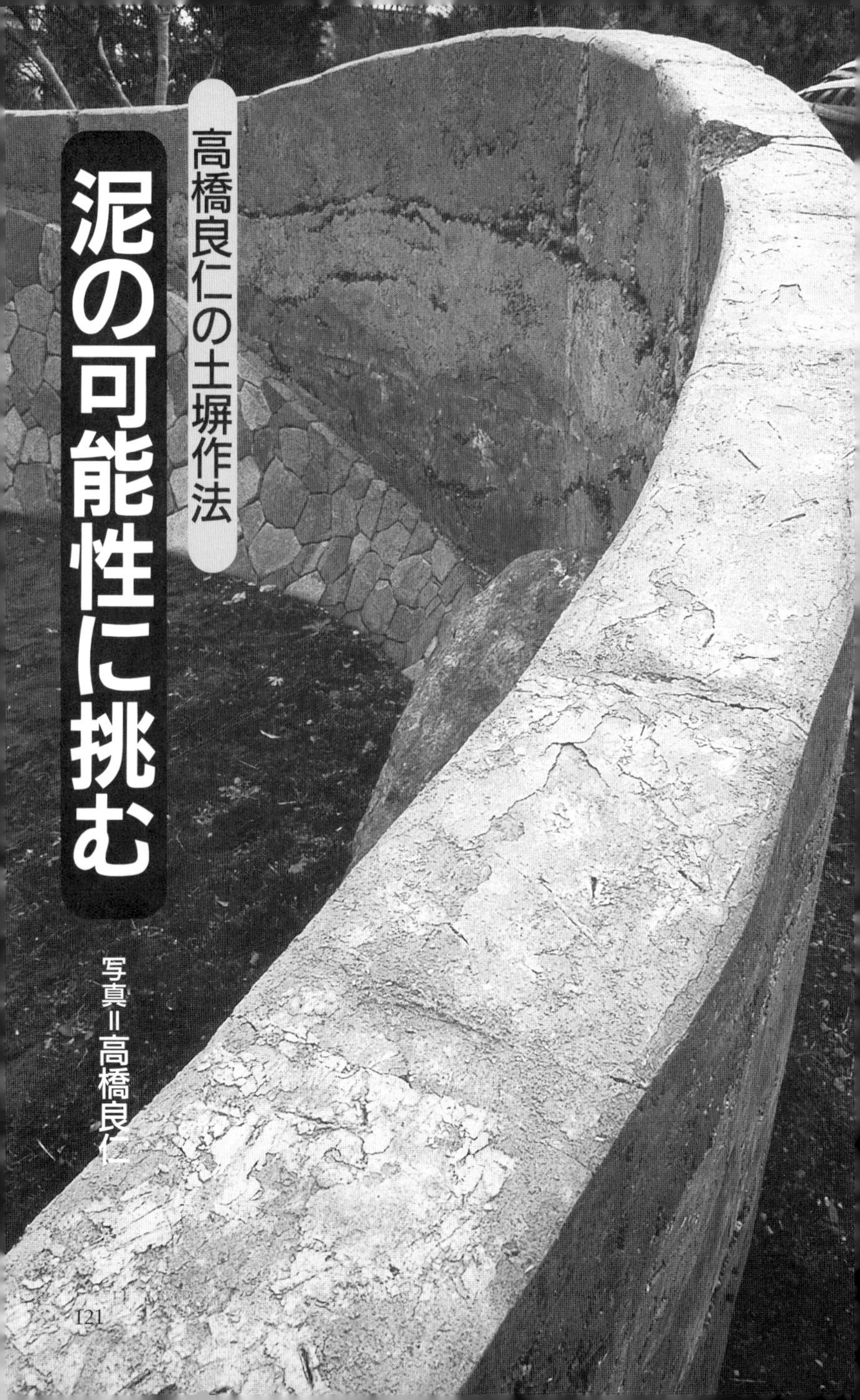

❶ 鉄パイプを土塀の仕上がりを想定して打ち込む

❷門の左側曲線部分も❶と同じように打ち込む。裏側の型枠は裏込コンクリート用の型枠

❸ 鉄パイプの中にコンクリートを流し込む

❹ 曲線部分の塀の腰積を行う

❺ 鉄パイプに縦筋と横筋を結束

❻ 曲線部分は全体のバランスを見ながら小割竹の裏を表にして取り付ける

❼ 横側の竹を取り付けたところ

❽ 横方向の全体が取り付けたところ

❾ 横方向の小割竹に縦方向の小割竹を表にして取り付ける

❿ 小舞が仕上がる

⓫ 内側から見た小舞の仕上がり

泥を塗る

⑫ 押し切りで藁を切り刻み、苆をつくる

⑬ 泥(荒木田)に藁苆を混ぜながらよく捏ねる

⑭ 下塗り＝小舞の上によく捏ねた泥を塗っていく

⑮ 内側も外側と同じように泥を塗っていく

⑯ 下塗りが乾燥したら上塗り(砂と藁苆を混ぜた泥)をする

⑰ 上塗りがある程度乾燥したら、真鍮ブラシで表面を掻き落とす

門袖をつくる

❶ 御影石の柱にインターフォンと配線の溝をあらかじめ掘っておく

❷ 縦筋を結束する

❸ 取り付けた鉄筋にメタルフォーム(鉄製の網)を結束する

❹ 仕上がりの形を想定し、メタルフォームをカット

❻ 泥の下塗りをする

❺ メタルフォームをカットして仕上がった門袖の裏のようす

❽ 下塗りが乾燥したら上塗りの泥(荒木田・砂・藁苆)を塗る

❼ メタルフォームの表と裏から泥を塗り込む

腰掛待合の袖壁を塗る

❶ 磨き丸太の柱の横に穴を開け、女竹を差し込む

❷ 小舞の縦(小割竹)と横を掻いた(結束の意)ところ

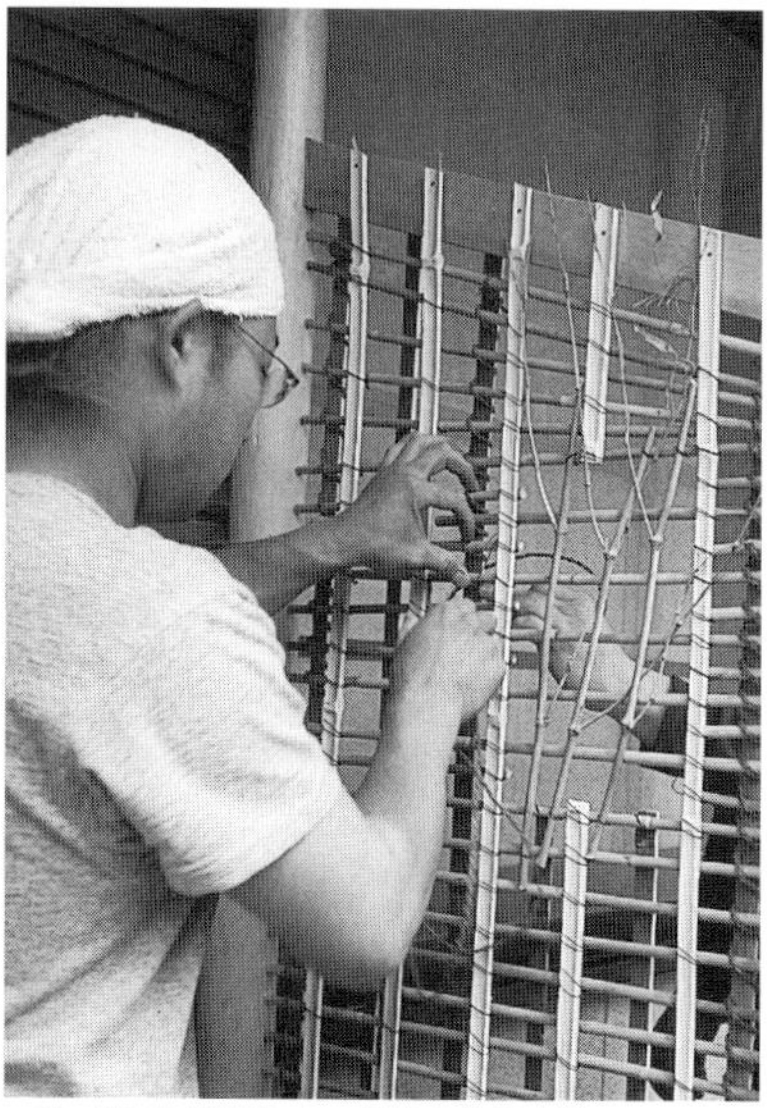

❸ 後で下地窓になる部分を竹穂を使ってつくる

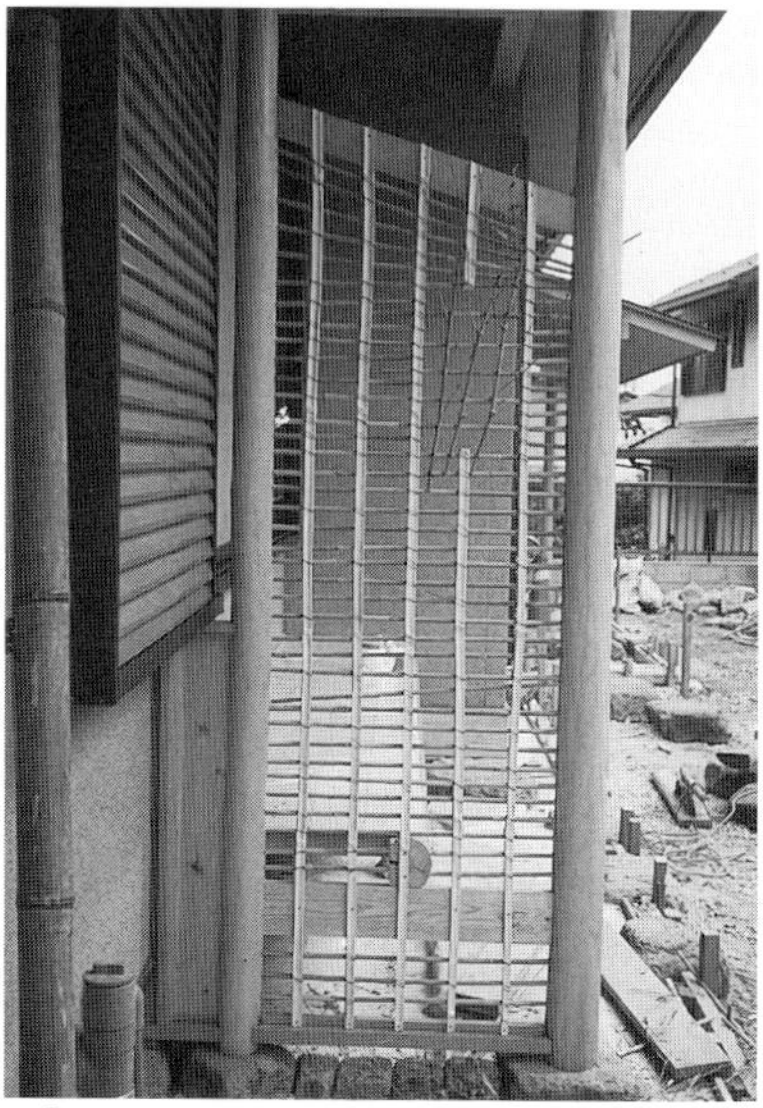

❹ さらに細かく掻き付ける

❺ 小舞を棕櫚縄で結束

❻ 小舞の仕上がり

❼ 下塗りとなる泥(荒木田の粘土のみ)を捏ねる

❽ 下塗りを始める

⑨ 下塗りのようすを裏側から見る

⑩ 下塗りが終わった裏側のようす

⑪ 袖壁の中へ半割りの竹を泥の中に入れる

⑫ 上塗り(泥に砂を捏ねたもの)をして、袖壁が仕上がる

ミニ土塀をつくる

❶ 角材を写真のような形に加工する
（加工後防虫防腐剤を塗布）

❷ 角材を建てた後に腰積の石を積む

❸ 角材に刻んだ膞(ほぞ)に丸竹(釘を
斜め上から打ち付ける)を取付ける

❹ 搔き付けた丸竹の内側へ泥を擦り付ける

❺ 壁の下塗りが終わったところ

❻ 笠の屋根となる部分の小舞を搔く

❼ 小舞を塗り終え、瓦を葺き、銅線で棟瓦を
結束した後に上塗りをして完成

越智将人の土塀作法

泥と砂を重ねて土塀を創る

写真＝越智将人

版築土塀のある庭

地層のような土のグラデーションを見せる版築土塀。カラー写真でお見せできないのが残念なほど美しい

腰積の上に土を何層も入れ、突き固めた版築土塀のようす

何年もの昔からこの土地に存在していたようなフィット感が版築土塀にはある

塗壁と違い、表情は意図的には出せない。現場の場数を多く踏んだ分だけその表情も豊かになるのも版築土塀の難しさであり、同時に楽しさでもある

地層のような土塀

その土地の色をストレートに出す版築土塀は、庭の木々の緑をなお一層、引き立てる

越智将人流

版築土塀のつくり方

❶ 土塀の仕上がり形状を想定し、型枠を組む

❷ 土圧に耐えるよう、鉄板を用いて型枠をがっちりと固定させる

❹ 泥(粘土・砂・砂利を生石灰とセメント少量でよく捏ねたもの、配合比率は経験で摑む以外にない)を型枠の中へ入れ、突き棒で満遍なくよく突く

❸ セパレーターを用いて型枠を一定の幅に揃える

❺ 適度に硬化したところで型枠を外す、この瞬間は胸がときめくそうだ

はつって仕上げる

❻ すべての型枠を外したところ

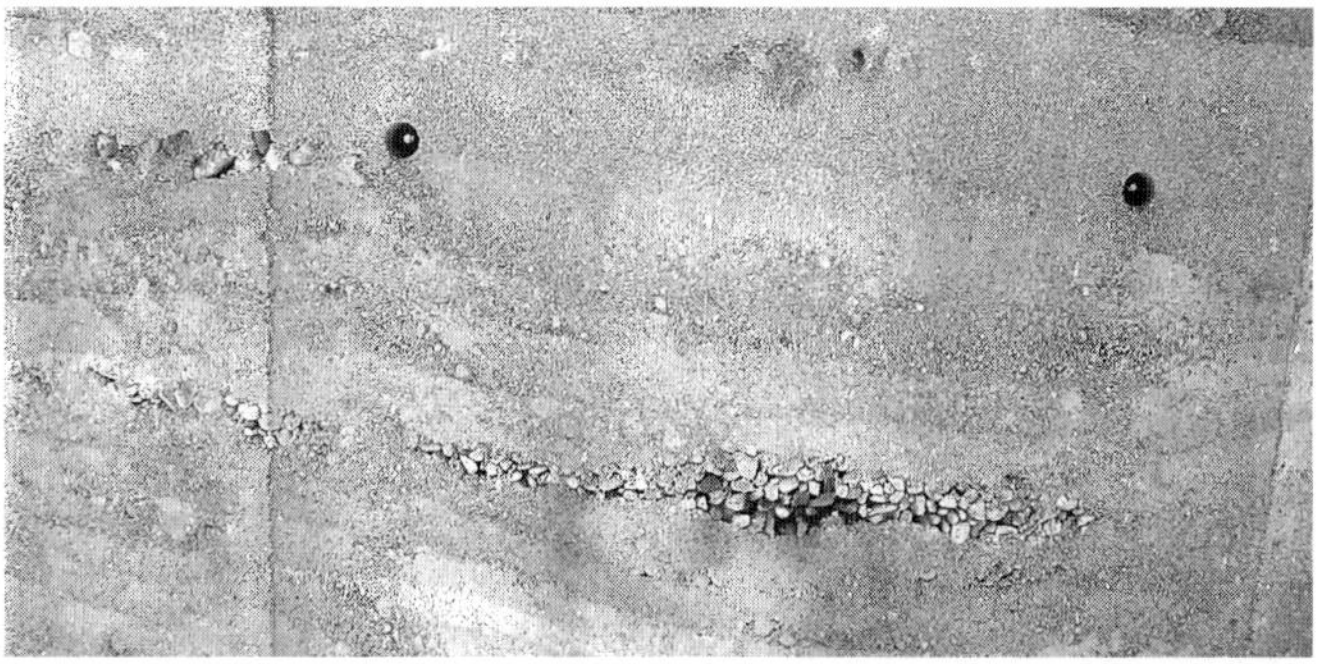

❼ 型枠を外した時点では、その表面はのっぺりとしている

❽ のっぺり感を石材加工用鑿(エアーコンプレッサー使用)で削ぎ落とす

❾ 削ぎ落とし作業のようす

❿ 版築土塀の完成

あとがき

垣根の登場は、たぶん人類が集団して生活を始めた、いわば文明の発生時には既に存在していたのでしょう。最もシンプルな四ッ目垣でさえ、その原形は中世の絵巻物に描かれているほどです。江戸時代には垣根に重点をおいたともいえる作庭書『石組園生八重垣伝』まで刊行されるほど、垣根は普及しました。

このような長い歴史を誇る垣根を○○垣だからといって、そのブランド名を頼りに形態をコピーし、今の世につくり、伝えるのが「伝統」だと捉えている方々も多いのではないかと思います。でもそれは「伝承」であって、真の伝統とは、その時代においていつも革新的でアバンギャルドなモノだけが名を残してきたようです。その意味でも現代の垣根や土塀の誕生が期待されましょう。

本書も多くの力に支えられて発刊できました。特に本書はこれまでのシリーズ同様、『庭』誌ならびに当所刊行図書などに掲載してきました垣、土塀関係の記事を再構成したものであり、関係の皆様には格別のご高配をたまわりました。その方々を中心に深く感謝申し上げ、あとがきに代えます。

二〇〇四年四月三十日

編　者

ガーデン・テクニカル・シリーズ❹

結ぶ／塗る・突き固める 垣根・土塀作法

平成16年6月20日　初版第1刷発行
令和2年1月10日　第4刷発行

企画・制作　有限会社 龍居庭園研究所

発行者　馬場栄一

発行所　株式会社 建築資料研究社
〒171-0014 東京都豊島区池袋2-10-7 ビルディングK 6F
電話 03-3986-3239 Fax 03-3987-3256
https://www.kskpub.com

印刷所　大日本印刷株式会社

落丁・乱丁はお取り替えいたします。

ISBN978-4-87460-817-3 C3061
定価はカバーに表示してあります。